독서치료연구시리즈 5

대학생의 '문제음주'와 독서치료

김수진 지음
김정근 기획·감수

국립중앙도서관 출판시도서목록(CIP)

대학생의 '문제음주'와 독서치료 / 김수진 지음. -- 파주: 한울, 2004	
p. ; cm. -- (독서치료연구시리즈 ; 5)(한울아카데미 ; 633)	
기획·감수: 김정근	
참고문헌수록	
ISBN 89-460-3230-8 93020	
ISBN 89-460-3231-6(세트)	
029.8-KDC4	
028-DDC21	CIP2004000544

기획·감수자의 말

육신의 아픈 기억은 쉽게 지워진다
그러나 마음의 상처는 덧나기 일쑤이다
떠났다가도 돌아와서 깊은 밤 나를 쳐다보곤 한다
- 박경리의 시 「한」 중에서

『독서치료연구시리즈』에 포함된 각 연구는 개인 연구자의 개성 있는 학문적 노력의 소산이다. 한편 그것은 여러 사람의 공동의 체험과 연구 경험을 기반으로 하여 생산된 결과이기도 하다. 좀더 구체적으로 말하면 각 연구는 2000년 이래 부산대학교 대학원 문헌정보학과를 중심으로 일고 있는 독서치료(bibliotherapy)에 대한 관심의 열기 속에서 태어난 것이다.

부산대학교에서는 지난 몇 년 동안 독서치료 관련 강의가 매년 이루어져왔다. 이와는 별도로 책·정·연(책읽기를 통한 정신치료 연구실)의 정신분석학 읽기 모임도 계속되었다. 독서치료 관련 모임은 다른 모임에 비해 특징이 있었다. 우선 열기가 대단했다. 참여자들은 관련 문헌과 접촉이 이루어지면 금방 어떤 비전을 보는 것이었다. 그것은 개인적인 것이기도 하고 직업적인 것이기도 했다. "이거다", "바로 이거야" 등의 표현이 참여자들의 입에서 터져나오기도 했다. 개인적인 몰입의 현상도 두드러졌다. 책 속으로 깊이 빠져드는 것이 눈에 보였다. 시간이 지나면서 참여자 자신과, 다른 사람을 보는 눈이 달라졌다는 증언이 많이 나왔다. 그들은 '마음이 가벼워졌다'고도 했다. 나중에는 거의 모든 사람이 마음 아픔과 상처가 완화되고 치유되는 경험을 했다고 고백하기에 이르렀다. 다른 학술 모임에서는 여간해서 보기 어려운 일이었다. 또 다른 특징이라면, 공유에 대한 열망이었다. 참여자들은 이구동성으로 자신들이 겪은 의미 있는 경험을 다른 사람에게 전하고 싶어했다. 모임에서 접하게 된 책을 사서 친구나 친지에게 보내는 것을 많이 보게 된 것도 같은 관련이었을 것이다. 참여자들은 이와 같은 느낌과 바람의 연장선상에서 마침내 도서관 서비스로서의 독서치료에 대한 생각을 굳혀가게 되었다. 이 정도의 내용이라면 도서관 현장에 적용해볼 만하다는 확신이 들었던 것이다. 이 시리즈에 포함된 각 연구는 이와 같은 전후의 연관 속에서 구상되고 추진되었던 것이다.

기획·감수자의 말

 각 연구의 수준을 장담하거나 자랑하고 싶지는 않다. 연구에 투자된 시간과 노력도 그다지 많다고 할 수 없다. 사실 단행본으로 꾸미는 데는 기획·감수자나 연구자 모두에게 두려움과 망설임이 있었다. 그럼에도 불구하고 감히 시도해보기로 한 데는 나름의 이유가 있었다. 우선 느낌과 생각을 공유하고 싶었다. 연구의 완성도는 떨어지지만 우리가 보는 비전을 학계와 도서관계 앞에 내어놓고 검토를 받아보고 싶기도 했다. 전문가에 의한 본격적인 연구물이 그다지 많지 않은 현실에서 앞으로 그런 날이 올 때까지, 또 그런 때를 기다리면서, 어떤 중간자의 역할을 할 수는 있지 않겠는가 하는 데로 생각이 미치기도 하였다. 말하자면 과도기의 틈새를 채우는 정도의 역할을 감당하는 것도 의미가 있지 않겠느냐는 쪽으로 정리가 되기도 하였다.
 우리는 겸손한 자세로 이 시리즈를 세상에 내놓는다. 우리는 앞으로 지속적으로 수준 향상을 위해 노력할 것이다. 또한 후속 연구를 해나갈 것이다. 다른 곳의 연구자들도 관심을 가지고 이 분야의 발전을 위한 노력에 동참해주기를 바란다. 우리는 독서치료연구가 궁극적으로 사서직의 전문성 확보와 서비스 영역의 확장이라고 하는 대의에 맞닿아 있다고 믿는다. 잘만 하면 크게 기여할 수 있다는 생각을 가지고 있다.

　지금까지 독서치료와 관련한 학과 내의 움직임을 지켜보아주고 격려해준 부산대학교 문헌정보학과의 여러 교수님들께 감사를 드린다. 모임의 참여자들과 이 출판기획의 참여자들에게도 치하의 말을 전하고 싶다. 출판을 위해 수고해준 분들께도 고맙다는 인사를 보낸다.

2003년 12월
김정근

지은이의 말

　독서치료는 뒤늦게 시작한 대학원 공부를 통하여 알게 되었다. 그때 가을밤을 밝히며 읽었던 책들을 통하여 '마음의 상처' 문제를 가슴에 담게 되었고, 상처받는 주변의 삶 속에 들어가 그들을 바라보게 되었다. 책 속의 주인공들에게 동화되는 감정이입을 통해 나 자신도 알지 못했던 상처가 치유되는 체험을 하게 되었고, 책읽기를 통한 독서치료 영역에 눈을 뜨게 되었다. 이러한 경험은 상처와 장애에 지속적인 관심을 가지게 하였고, 독서치료의 가능성을 진단해보는 시도를 하게 되었다. 이 과정에서 나는 우리 사회에 흔한 술로 인한 상처, 즉 알코올 중독에 관한 책을 읽게 되었고, 우리나라 대학생의 음주 문제에 대한 심각성을 인식하게 되었다. 한국사회에서 술은 사회생활에서 빼놓을 수 없는 매개체가 되고 있다. 음주문화에 관대한 사회분위기는 대학생이 되면 어른이 되어가는 통과의례처럼 술을 마시고, 음주 후 문제를 일으키더라도 이를 묵시적으로 너그럽게 봐주고 있다.

이 책은 대학생의 문제음주를 독서치료와 연결시켜 그 해결책을 찾아보고자 하였다. 독서치료는 책이라는 매체를 통하여 사람의 심리, 정서, 부적응 문제를 해결하는 데 도움을 주는 대안적 치료 방법이다. 서구사회에서 발전되어 온 독서치료의 역사를 보면 초기에 병원 도서관 사서들이 활발하게 이 분야를 연구했던 것을 알 수 있다. 우리나라의 경우 독서치료의 역사는 짧고, 독서치료에 대한 인식과 기반은 미비하다. 지금에서야 새로운 영역으로 주목받고 있다. 이 책은 대학생의 음주와 관련하여 우리의 현실을 이야기하고 진단하여 우리 도서관에서 적용할 수 있는 방안을 모색하고자 하였다. 지금까지 대학도서관이 대학의 교육과 연구활동을 돕는 기관으로 기여하였다면, 이제 장서의 예방적·치료적 힘을 빌어 독서치료를 새로운 봉사영역으로 제공할 만하다고 생각한다. 대학생의 음주 문제에 독서치료를 통해 개입함으로써 건전한 대학사회의 음주문화 정착

지은이의 말

에 도움을 줄 수 있다고 믿는다.

  이제 감사의 말씀을 드리고자 한다. 몇 번의 망설임 끝에 이 글을 책으로 펴내려고 하니 사실은 두렵기만 하다. 김정근 선생님의 따뜻한 관심과 애정 어린 격려가 아니었다면 이러한 용단을 내기가 어려웠을 것이다. 공부를 시작하고 지금까지 학문하는 이의 참모습으로 이끌어주신 선생님께 진정으로 감사드린다. 또한 바쁘신 중에도 이 연구 작업의 마무리를 도와주신 장덕현 선생님, 이용재 선생님에게도 감사드린다. 출판에 도움을 주신 여러분께도 고맙다는 인사를 전한다.

2003년 12월
김수진

차례

기획·감수자의 말   3
지은이의 말   7

1장 시작하며
  1. 무엇이 문제인가   13
  2. 무엇을 말하는가   18
    1) 목적   18
    2) 책의 내용과 방법   19

2장 대학생의 문제음주와 그 요인
  1. 대학생의 음주   22
    1) 대학생의 음주실태   22
    2) 대학생 음주와 관련된 문제들   28
  2. 대학생의 문제음주에 영향을 미치는 요인   34
    1) 신체·유전적 요인   35

차례

    2) 심리적 요인 38
    3) 사회·문화적 요인 40
3장 대학생의 문제음주에 대한 독서치료의 개입
  1. 독서치료 45
    1) 독서치료의 개념 및 발달과정 45
    2) 독서치료의 기본 원리 48
    3) 독서치료의 특징 51
    4) 독서치료의 목적 52
    5) 문헌정보학계의 활동 53
  2. 대학생의 문제음주와 독서치료 62
    1) 대학생 문제음주 예방을 위한 정책 방향 62
    2) 독서치료의 개입가능성 66

4장 독서치료 적용을 위한 대학도서관 서비스 방안
1. 대학도서관과 독서치료　　　　　　　　　　79
2. 대학생의 문제음주와 독서치료 프로그램　　90
   1) 독서치료대상자　　　　　　　　　　　　91
   2) 독서자료　　　　　　　　　　　　　　　95
   3) 치료자　　　　　　　　　　　　　　　　99
   4) 독서치료 서비스 방안　　　　　　　　　101

5장 끝내며
　　음주 문제 관련 독서목록　　　　　　　　122
　　참고문헌　　　　　　　　　　　　　　　154

1
시작하며

1. 무엇이 문제인가

술은 인류 역사상 매우 오래되고, 여러 사회에서 사용되어온 물질로, 인간의 생활에 긍정적인 영향을 주기도 하지만 습관적이고 과도한 음주는 개인의 신체와 정신에 장애를 일으키고 가정폭력이나 교통사고를 일으키는 등 부정적인 영향을 초래하기도 한다. 보건복지부가 2001년 실시한 '정신질환 실태 역학조사'[1] 결과에 따르면 정신질환 가운데 알코올 중독(의존 또는 남용)이 가장 많아 6명 중 1명 꼴인 16.3%(남 25.8%, 여 6.6%)로 조사되었고, 이를 18세 이

---

[1] "성인 31%, 정신질환 경험," 《조선일보》, 2002년 2월 1일.

상 성인인구로 추정하면 226만 명에 달하는 것으로 조사되었다. 술에 대해서 관대한 문화를 가진 우리 사회에서 심각한 음주 문제를 가진 사람도 자신에게 문제가 있다고 생각하지 않는 경우가 많다. 술자리에서 일어난 실수에 대해서도 덮어주고 허용하는 분위기가 있다. 이는 알코올 중독자의 음주를 습관으로만 보고 알코올 중독이 병이라는 사실을 간과하기 때문이다.

"잊고 싶은 현실, 잃어버린 자아," 이 문구는 알코올 중독에 관한 책의 부제이다. 어쩌면 술을 마시게 되는 모든 이들이 자신의 고민, 슬픔, 상처를 술에 담아 잊어버리고 싶은지 모른다. 마음의 상처를 가진 이가 상처를 잊기 위해 한 잔 두 잔 마신 술이 어느새 그 자신과 가정을 무너뜨리고 있는 것이다. 알코올 중독은 개인의 신체, 심리, 사회적 기능에 악영향을 미치는 개인적 질병의 차원을 넘어서 가정을 병들게 하는 가족병(family disease)이고, 여러 가지 사회적 범죄를 일으키는 한 요인이 되고 있다. 이제 알코올 중독 문제는 알코올 중독자 한 개인의 문제라기보다는 가족 전체와 사회의 문제로 인식되어야 하며, 이의 해결을 위해 적극적인 사회적 개입이 요구되고 있다.

술에 관대한 사회분위기는 대학사회에 그대로 반영되고

있다. 대학생의 알코올 오·남용은 매년 빈발하는 대학생의 음주 관련 사고와 신입생 사망 사고로 연결이 된다. 음주습관은 한번 형성되면 바꾸기가 매우 어렵고 재발의 위험이 높다. 보통 알코올 중독 환자들의 진행 과정을 살펴보면 거의 예외 없이 20세 초반에 폭음을 경험하며, 30세쯤에 알코올 중독의 첫 증상이 나타나기 시작한다. 또 40대부터는 본격적인 알코올 중독 환자의 길에 접어들게 된다.[2] 이와 같이 술을 어떻게 배우기 시작하는가 하는 청소년기의 음주행위는 그들이 성인이 되었을 때의 음주행위를 예측하는 중요한 변수로 작용하게 되는 것이다.[3] 신입생 환영회부터 각종 동아리 행사, 축제, 개인적 만남 등으로 술은 대학사회에서 필수가 되고 있다. 대학사회의 음주문화가 알코올 중독자를 키워가고 있는지도 모른다. 늦은 밤 대학가 주변에서 술로 여가시간을 보내고 있는 학생들과 만취하여 비틀거리는 학생들을 쉽게 찾아볼 수 있다. 대학생들의 음주는 개인의 정신적, 신체적 문제와 사고, 폭력, 음주운전, 성 문제 등의 다양한 사회문제를 일으키고 있다.

고려대학교 학생상담센터가 신입생 1,933명을 대상으로

---

[2] "20대 폭음이 알코올 중독 부른다," 《문화일보》, 2002년 9월 30일.
[3] 조성기 외, 앞의 책, 2001, 3쪽.

한 『2002학년도 신입생 실태조사』4) 분석 결과를 보면 대학 신입생의 8.9%정도가 입원 수준 이상의 알코올 중독 가능성이 있는 것으로 조사되었다. 이 결과는 2001년의 5.4%보다 다소 증가한 것으로, 성별로는 남학생의 9.8%인 132명, 여학생의 6.9%인 40명이 입원이 필요할 정도의 음주 문제를 보이는 것으로 나타났다. 이와 같이 음주가 우리 사회의 미래인 대학생들에게 장애가 되고 있음에도 불구하고 그 중요성에 대한 사회의 인식이 부족하고, 예방과 치료 정책 또한 제대로 준비되지 못하고 있는 실정이다. 음주로 인한 문제가 심각하게 나타나고 있는 대학의 현실을 볼 때, 음주 문제에 대한 사후 치료대책의 수립보다는 예방활동이 적극적으로 모색되어야 할 것이다. 알코올에 노출되어 있는 대학생을 대상으로 한 음주 문제는 예방교육에 중점을 두고 그 해결점을 찾아가야 한다.

우리나라의 대학에서 음주 문제와 관련하여 별도의 서비스를 하는 곳은 없다고 해도 과언이 아니다.5) 대학사회에서 음주 문제의 심각성을 깨닫고 건전한 대학 음주문화

---

4) 고려대학교 학생생활연구소(학생상담센터), 『2002학년도 신입생 실태조사』, 고려대학교 학생생활연구소, 2002, 31쪽.
5) 한국음주문화연구센터, 『알코올백과』, 한국음주문화연구센터, 2002, 63쪽.

1장 시작하며

를 조성하기 위한 활동을 시작하여야 한다. 이 책은 도서관에서 행할 수 있는 음주 예방활동의 하나로, 대학생의 음주 문제를 독서치료와 연결시켜 살펴보고자 한다.

책을 통한 치료는 고대부터 그 기원을 찾아볼 수 있지만, 학문의 한 분야로서 체계적인 연구가 시작된 것은 20세기 이후이고, 우리나라는 1970년대 후반에 교육학과 문헌정보학 분야에서 주로 관심을 갖기 시작하여 그 연구가 이어져오다가 최근에 더욱 활발하게 연구되고 있다.[6] 16세기 프랑스의 의사이자 풍자작가였던 라블레(Francis Rabelais)는 환자에게 주는 처방전에 언제나 문학책 제목을 적어주었다고 한다. 즉 그는 정신적 치료제의 하나로 '독서'라는 약을 처방해주었던 것이며 독서에 의한 정신적 효과를 계산에 넣어 치료하고 있었던 것이다.[7] 독서치료를 역사적으로 살펴보면 환자들을 위한 책읽기와 병원도서관 사서가 개입된 독서치료과정이 나타난다. 알코올 중독 치료센터에서 독서치료가 알코올 중독 치료 과정의 보조수단으로 음악치료, 미술치료 등과 같이 사용되기도 한다.

---

[6] 변우열, 「비행청소년 인성치료를 위한 독서요법」, ≪도서관학논집≫ 제26집(1997. 여름호), 147쪽.
[7] 황의백 편, 『독서요법』, 범우사, 1996, 11쪽.

건강하지 못한 대학생의 음주 문제에 도서관이 책을 통해서 도움을 줄 수 있다고 본다. 대학사회에 도서관이 어떤 역할을 해야 할 필요성이 있음을 밝히고, 독서치료를 통해 정신건강을 향상시키고 건전한 대학사회의 음주문화 정착에 도움을 주고자 한다.

2. 무엇을 말하는가

1) 목적

대학생들의 음주 문제는 친구, 선배, 동아리 활동과 같은 사회적 관계 속에서 주로 발생한다. 그래서 음주량이 많을 뿐만 아니라, 폭음 빈도 역시 잦은 것으로 나타난다. 특히 강제적으로 이루어지는 음주행위가 많고, 학년이 올라갈수록 원하지 않는 음주 경험이 높아지고 있다. 이는 대학생활을 오래할수록 사회적 의존에 의한 음주율이 높아지는 것을 의미한다.[8] 이와 같이 대학생의 음주는 주로 사회적

---

8) 천성수 외, 『대학사회의 문제음주예방을 위한 홍보 및 보건교육 프로그램 개발』, 삼육대학교·보건복지부, 2000, 136쪽.

관계 속에서 이루어지기 때문에 음주 문제를 예방하는 일은 쉽지 않다. 따라서 대학 사회에 음주에 대한 가치관을 새롭게 정립·변화시킬 수 있는 다양한 홍보와 교육이 상호 보완되면서 이루어져야 하고, 건전한 여가 활동이 가능하도록 하는 사회 전반적인 노력이 요구된다.

이 책은 대학생의 음주와 관련하여 우리의 현실을 이야기하고 진단하여 우리 도서관계가 도움을 줄 수 있는 서비스 방안을 모색하고, 대학생의 문제음주에 개입하기 위한 구체적인 방안의 하나로 독서치료의 가능성을 열어보고자 하는 것이 이 책의 목적이다. 그리고 대학도서관이 대학생의 문제음주에 학내 기관과 연계하여 예방적·치료적 차원의 교육 프로그램 개발에 참여하여 지원할 수 있는 방법을 찾아보고자 한다. 대학도서관이 문제음주 상황에 처한 대학생을 위한 독서치료를 어떻게 적용시킬 수 있을 것인가를 구체적으로 모색하고자 한다.

2) 책의 내용과 방법

여러 분야에서 독서치료에 관한 연구가 이루어져왔으나, 대학생의 음주와 독서치료를 연관지어 연구한 경우는 없는 것 같다. 대학생의 음주를 다룬 논문은 주로 음주행태, 음주요인, 음주행동에 미치는 영향에 대하여 연구한 것이 주를 이루고 있다. 독서치료와 관련된 연구는 주로 교육학과 문헌정보학 분야에서 이루어지고 있는데, 문헌정보학에서의 선행연구들은 독서치료의 치료효과에 대해서 주로 연구하고 있고, 특히 자아 및 자아개념에 관한 연구가 많은 편이다. 대부분의 논문들이 이론연구이거나 독서치료를 실험하여 그 효과와 유용성을 밝힌 논문이었으나, 최근에 독서치료와 도서관의 역할, 도서관의 독서치료 서비스 모형에 관한 연구들이 나오고 있다.

이 책은 먼저 우리나라 대학생의 음주실태에 관해 알아보기 위해 통계와 사례를 수집하여 연구를 진행하였다. 한국음주문화연구센터, 보건복지부의 자료와 통계를 수집하여 분석하고 신문자료를 활용하여 사례를 수집하였다. 그리고 대학생의 음주에 영향을 미치는 요인을 신체·유전적 요인, 심리적 요인, 사회·문화적 요인으로 구분하여 살펴보았다. 이 책은 대학생의 음주를 예방·치료하기 위한 독서치료방안을 모색하고자 하는 것이 주된 목적이므로, 대학생의 음주와 관련된 통계와 연구는 음주 관련 선행 연구물에서 주로 인용하였다. 그리고 독서치료를 대학도서관 현

1장 시작하며

장에 적용할 방안을 모색하고자 신경정신과 전문의, 대학 문화원 상담원과의 인터뷰를 통하여 그 가능성을 진단하였고, 공공도서관에서 독서치료를 적용하여 운영한 사례를 찾아 소개하였다. 또한 대학도서관에서 예방·치유적인 차원으로 독서치료 서비스를 펼칠 수 있는 가능성을 살펴보기 위하여 대학도서관에 근무하는 사서와 이메일 교류를 통해 의견을 교환하였다.

이 책에서 다루는 구체적인 내용은 다음과 같다.

2장에서는 대학생의 음주 문제와 그 실태를 살펴본다. 그리고 대학생의 음주 문제를 일으키는 요인을 찾아 분석한다. 3장에서는 독서치료에 대하여 정리하고, 이와 관련한 문헌정보학계의 활동을 알아본다. 대학생의 문제음주에 독서치료의 적용이 가능한지를 음주 문제 예방을 위한 정책 방향을 통해서 알아본다. 4장에서는 대학생의 문제음주를 독서치료와 관련하여 대학도서관 현장의 사서와의 인터뷰를 통해 그 가능성을 검토한다. 대학생의 문제음주를 예방·치료하는 데 필요한 독서치료 프로그램을 제시하고, 독서치료 서비스 방안을 모색한다. 5장에서는 전체 책의 내용을 요약한다. 첨부 자료로 음주 문제에 관련된 도서를 선정하여 독서목록을 제시한다.

2
대학생의 문제음주와 그 요인

1. 대학생의 음주

1) 대학생의 음주실태

　이장에서는 한국음주문화연구센터가 2000년 조사하여 발표한 보고서[9]를 중심으로 대학생의 음주실태현황을 살펴본다. 이 조사연구는 전국의 4년제 대학에 재학중인 학생을 대상으로 전국 20개교의 대학생 3,651명에게 설문지를 배포하여 2000년 11월 말부터 3주간 조사를 진행하여 작성되었다. 이 연구의 목적은 전국 대학생들의 음주실태를

---

[9] 조성기 외, 『대학생의 음주실태』, 한국음주문화연구센터, 2001.

파악하고, 음주 문제를 발생시키는 요인들을 탐색하여 알코올 분야에 대한 학문적 기여와 함께 효과적인 보건정책과 예방 프로그램 개발을 위한 기초자료를 제공하고자 한 것이었다. 외국과 달리 국내에서 대학생 음주와 관련된 체계적인 연구가 별로 없는 실정에서 전국적으로 조사된 것이고, 또한 1997년 한국대학생알코올문제예방협회(한국 바커스)[10]가 전국 12개교 3,000명의 대학생을 대상으로 실시한 전국조사와 비교하여 대학생들의 음주행위와 규범, 태도에 관한 실태파악과 3년간의 변화를 측정하고 있어 이 보고서를 기준으로 대학생의 음주실태를 살펴보았다.

(1) 음주경험, 음주량, 음주빈도

① 음주경험

조사 대상의 96.3%가 현재 음주를 하고 있으며, 전체의 99.1%가 술을 마셔본 경험이 있고, 단지 0.8%만이 지금까지 한 번도 술을 마셔본 경험이 없는 것으로 나타났다.

---

10) 한국바커스(BACCHUS, Boosting Alcohol Consciousness Concerning the Health of University Students)는 대학생들의 건전 음주문화 조성과 알코올 및 약물 중독에 관한 연구·조사·교육·홍보를 목적으로 1997년 9월 창립된 비영리 민간단체이다. http://www.bacchus.or.kr 참조

② 음주량

한 번에 3~4잔 정도가 가장 많은 27.5%로 나타났다. 국제 기준으로 볼 때 적정 음주량을 마시는 경우는 전체의 18.1%에 불과하다. 그러나 음주행위가 10잔 이상인 경우가 21.4%나 되고, 7~9잔이 16.3%, 5~6잔이 16.7%가 되는 등 양적으로 문제가 되는 음주가 과반수를 넘고 있다. 이는 대학생들의 음주량이 과다하다는 것을 말해주는 것이다.

③ 음주빈도

전체의 39.7%가 일주에 한두 번 이상 술을 마셨고, 지난 해 거의 매일 술을 마신 대학생은 전체의 2.3%이고, 1주에 3~4회 마신 경우는 10.9%이다. 한 달에 평균 한 번도 마시지 않은 경우는 전체의 20.4%이다.

(2) 음주시기

① 최초 음주시기

조사결과 전체의 73%가 고등학교 졸업 이전에 음주를 해본 경험이 있는 것으로 나타났다. 고등학교 졸업 이후에 처음으로 술을 마시기 시작하는 사람은 전체의 26.7%에 불과하다. 이것은 만 19세 이전에 청소년들이 음주를 경험한다는 사실을 말해주는 것이고, 자의이든 타의이든 청소년들에게 술에 대한 접근성, 친근성을 높여주는 결과를 낳는다는 점에서 특히 부모, 성인들이 관심을 가져야 할 부분이다.

② 음주시기

전체의 80.7%가 고등학교 졸업 이후에 현재와 같은 음주습관을 가지게 되었고, 이것은 최초 음주시기가 언제인 것과 상관없이, 대학생들은 대학교에 들어와 음주습관이 정착됨을 말해주는 것이다. 따라서 대학생이 되는 초기에 음주습관을 어떻게 형성하느냐가 일생동안의 음주습관을 좌우하게 될 것이라는 것을 알 수 있다. 신입생에 대한 음주 문제 예방교육이 필요하다는 것을 알려주는 대목이다.

③ 과음경험, 과음시기

대학생들의 과음경험은 1년에 1~5회인 경우가 전체의 34.6%로 가장 많고, 다음이 한 달에 1~2회 정도로 취한 경우는 15.0%이다. 1주일에 1회 이상인 경우가 전체의 9.7%나 되는데, 여기에 한 달에 3~4회인 경우까지 합하면 15.2%나 된다. 과음한 경험이 없는 경우는 전체의 28.5%

이다. 과음하게 된 시기를 대학 내의 행사를 기준으로 보면, 전체의 23.5%가 개강파티, 신입생 환영회 때 가장 많이 마신다고 지적하였다. 행사와 상관없이 가장 많이 응답한 경우는 기타(개인적인 사유)로서 전체의 26.6%가 들고 있다. 이는 대학생들이 특정한 행사 이외에 평소에도 술을 많이 마시고 있으며, 과음을 하고 있다는 것을 보여준다.

(3) 음주상황

대학생들이 술을 마시게 되는 음주상황을 보면 매우 다양하다. 대학생들이 술을 많이 마시게 되는 경우는 학과나 동아리 행사(68.8%)-축하(66.9%)-학교나 직장의 모임(65.6%)-아는 사람을 만날 때(24.3%)-집안모임(20.5%)순으로 모두 집단적으로 사람들을 만날 때인 것이다. 이러한 상황에서의 음주는 '사교적 음주'라고 볼 수 있다.

한편, 스트레스가 쌓였을 때가 44.0%로 큰 비중을 차지하고 있는데, 학교에서의 스트레스(16.8%), 긴장해소(7.9%)와 함께 스트레스는 음주를 하게 하는 중요한 요인임을 알 수 있다. 문제음주 상황이 자기 앞에 닥쳤을 때 문제를 직면하여 해결하지 않고, 술로써 잊으려 하는 도피적인 방법을 사용하는 경우 음주 후 문제를 일으키거나, 알코올 중독이 되기 쉽다. 대학생들에게 정신적, 심리적인 성장 프로그램과 상담, 교육서비스, 이와 더불어 음주 문제 치료 서비스까지 필요한 것이다.

(4) 문제음주

대학생들의 음주습관을 조사, 척도화하여 분석한 결과 문제음주가 될 가능성이 적은 경우는 전체의 63.8%인데, 위험군에 속한 경우가 전체의 36.2%나 되었다. 대학생 전체의 1/3이 훨씬 넘는 수가 음주 문제의 위험군에 해당한다는 것은 매우 우려할 만한 결과이다.

(5) 음주비용

대학생은 한 달에 술값으로 1~5만 원을 지불하는 경우가 전체의 47.5%로 가장 높게 나타났다. 5만 원 이상 술값으로 쓰고 있는 경우는 전체의 27.6%로서 전체의 1/4이 훨씬 넘는 비율이다. 대학생의 한달 용돈은 20만 원 이상 65.2%, 20만 원 미만은 34.9%로 구분할 수 있는데, 용돈이 20만 원 이상이라 하더라도, 한 달 술값이 5만 원 이상이 된다면 상당한 비중을 차지하는 셈이 되어, 결국 자기 발전을 위한 다른 일을 할 수 있는 기회비용을 상당히 잃는 결과가 된다는 점을 지적하지 않을 수 없다.

2) 대학생 음주와 관련된 문제들

대학생 음주 관련 문제는 주로 사고성 형태로 나타나기 때문에 폭력, 폭행, 강간 등의 사건과 함께 심지어 사망으로 이르기도 한다. 학년 초 신입생 환영식 등 각종 행사에서 과음으로 인한 사망자가 빈번히 발생하는가 하면, 대학 축제기간뿐만 아니라 학기 내내 대학 곳곳에서 술로 인한 사고와 사건이 끊이지 않고 발생하고 있다. 그 이유는 우리나라 음주문화의 특징인 '일시적 폭음(epsilon alcoholism)'을 경험하는 자가 많기 때문이다.[11]

"학기초 대학가 술로 '휘청'"

새 학기를 맞은 대학이 신입생 환영회 등 각종 행사로 와자지껄한 가운데 일부 대학 신입생들이 강압적인 음주문화로 곤욕을 치르고 있다. 8일 대학 신입생과 학부모들에 따르면 출신고교나 과 선배들의 환영회가 지나쳐 억지 술을 마시고 현장에서 쓰러지거나 귀가 후 몸져눕는 신입생이 늘어나고

---
11) 유일준, 「대학생의 음주 문화 및 음주 양태에 대한 고찰」, 《혜천대학 논문집》 제27집, 2001, 334쪽.

있다. 특히 외환위기 이후 줄어든 용돈과 극심한 취업난으로 한때 자취를 감췄던 '사발의식' 등이 되살아나고 있다. '사발의식'은 냉면그릇이나 사발에 막걸리나 소주를 가득 따라 한숨에 들이키는 것으로 한 번에 마시지 못할 경우 벌주까지 내리는 대학가의 '악습'이다. 여기에 기성세대들도 꺼리는 '폭탄주 문화'가 대학가에 확산되고 있다. 막걸리에 소주를 타서 마시는 '막소주'는 옛날 얘기고 소주와 맥주를 섞는 '소폭'은 물론 양주와 맥주를 타 마시는 '양폭'까지 일반화되고 있다. 대학가의 지나친 술 문화는 학생들의 건강을 해치고 목숨까지 앗아가는 부작용을 낳고 있다. 실제로 지난 5일 충북 보은군 내속리면 R호텔에서 신입생 오리엔테이션을 받던 C대학 김모(19) 군이 다른 학생들과 구보를 하던 중 숨지는 사고가 발생했다. 경찰은 전날 밤부터 술을 마셨다는 학생들의 말에 따라 평소 술을 잘 마시지 못하는 김군이 선배들의 강권으로 과음한 뒤 구보를 하다 변을 당한 것으로 보고 있다. 지난 2일 충북 괴산군 청천면 H수련원에서는 오리엔테이션에 참가했던 A대학 이모(19) 군이 동료, 선배들과 술을 마시다 몹시 취해 2층에서 떨어져 다리에 골절상을 입기도 했나. 또 광주 C대학에 입학한 이모(18) 양은 지난 4일 신입생 환영회에 참석했다가 "예외없이 쓰러질 때까지 먹인다"는 선배들의 억지 '주도(酒道)' 때문에 폭탄주 서너 잔을 마신 뒤 쓰러져 선배의 부축을 받아 밤 12시가 넘어서야 집에 도착해 부모들을 놀라게 했다. 지금은 2학년인 광주 B대학 박모(20) 군은 "신입생 때 선배들이 강제로 권하는 소주를 마시다 어찌나 고생했던지 소주병만 봐도 구토증을 느낄 정도였다"고 끔찍한 기억을 떠올렸다. 대학생들의 이 같은 음주 행태는 특히 신입생 환영회, 개강파티, 동아리 모임이 몰려 있는 2월과 3월 대학가 주변에서 흔히 볼 수 있는 장면이다. ……

(≪문화일보≫ 2002년 3월 20일)

"알코올 중독 대학"

 술은 서먹한 인간관계를 부드럽게 하며 가슴을 열고 화기애애한 시간을 보내게 해준다. 그래서 한국인은 모든 만남과 헤어짐, 시작과 끝을 술판 속에서 마무리하는 경향이 있다. 문제는 그 주량과 음주방식이다. 국민 1인당 연간 음주량이 소주 52병에 달하는 술꾼나라답게 한국에는 폭탄주니 회오리주니 하는 엽기적 음주문화가 자리잡고 있다. 술을 못 마시는 사람에게까지 강권하는 '폭력'도 판친다. 해마다 대학가에서 '신입생 사발식'이 벌어져 꽃봉오리 같은 신입생들이 억지로 술을 마시고 죽어가는 안타까운 사고도 많다. 한국의 대학생은 하루 평균 2시간 미만의 공부를 할 뿐, 술집에서 대개의 시간을 보낸다는 통계가 있다. 대학생이 되자마자 학부와 학과 신입생 환영식, 각종 동아리 신고식, 체력단련대회 등 학내 행사들의 뒤풀이, 친구들끼리의 사적 모임까지 술판으로 이어져 두 달 동안은 술에서 깨어나기 힘들다는 얘기도 나온다. 고려대 학생생활연구소의 조사결과 올 신입생 3,411명 중 5.4%가 입원치료를 받아야 할 정도의 알코올 중독 증상을 보이고 있는 것으로 드러났다고 한다. 6개월 동안 2회 이상 '필름이 끊어진' 경험을 하거나 술이 깨면 진땀, 손떨림 등 금단증상을 보이는 학생이 많아서 대학생 술 중독이 심각한 수준임을 말해준다. 이 중 고교 때 음주경험자가 77.5%에 달한다니 미성년자의 음주실태도 걱정거리다. '술 권하는 사회'로 통하는 한국사회의 알코올 중독은 이제 정부가 나서서 단주모임(AA운동) 등 사회치료운동으로 제도화할 때가 됐다. 술은 소량일 때만 기호품이지 다량일 땐 중독성 약물이기 때문이다.

(≪세계일보≫, 2001년 5월 31일)

2장 대학생의 문제음주와 그 요인

"10대들 '생일빵' 파티 6명이 집단 구타"

생일에 친구들에게 얻어맞은 대학생이 심장출혈로 사망했다. 지난 6일 오후 10시쯤 부산진구 양정동 C소주방 앞 노상에서 김모(19·사하구 괴정동·부산 D대 2년) 군이 친구인 신모(19·회사원·동구 범일동) 군 등 6명한테 집단구타를 당한 뒤 4시간여 만에 쓰러져 병원으로 옮겼으나 7일 숨졌다. 고교 동창생인 이들은 이날 김씨의 생일파티를 한 뒤 소주방을 나서다 "많이 맞아야 오래 산다"며 청소년층에서 유행하는 생일 축하 구타의식인 속칭 '생일빵'을 하다 이런 일을 저질렀다. 부산 서부경찰서는 "김군이 주사 쇼크로 숨졌다"는 친구들의 말에 따라 부검을 한 결과 직접적인 사인이 '갈비뼈 골절로 인한 심낭 내 출혈'로 드러나자 친구인 신군 등을 추궁한 끝에 폭행사실을 밝혀냈다.

(≪조선일보≫, 2000년 2월 10일)

"폭음강요 비뚤어진 대학가 음주문화 언제까지……"

죽음마저 부르는 비뚤어진 대학가 음주문화가 새천 년을 맞이시도 진허 바꿔지 않고 있나. 학과 및 동아리 신입생 환영회 등 갖가지 명목의 술판에서 엉뚱한 호연지기가 '극단적인 두주불사'로 연결되면서 때로는 목숨을 잃는 불상사까지 낳고 있다. 18일 밤 11시 40분 신촌의 먹자골목. 자정이 가까워오자 술에 취한 한 여대생이 의식을 거의 잃은 채 남학생의 등에 업혀가고 있었다. 힘에 부친 남학생이 여학생을 잠시 내려놓자 여학생은 보도블록 위에 그대로 드러누웠다. 같은 날 새벽 1시 30분 고려대 앞 주점 부근 골목길에는 토물(吐物)이 즐비했다. 학생들은 만취한 채 큰 소리로 노래를 부르며 차도를 무단횡단하기도 했다. 개학을 맞아 신입생 환영회와 동아리 모임이 늘어나면서 입시지옥에서 벗어난 신입생들이 선배들이 반 강제로 들이붓는 술에 취해 밤거리를 헤매고 있는 것이다. 올해 지방의 모 대학에 입학한 ㄱ군(19)은 지난 2일 고교동문 선배들을 따라 학교 앞 주점에서 술을 마시다 숨졌다. 이날 ㄱ군은 선배들의 '원샷' 선창에 다른 신입생들과 함께 소주를 입에 털어넣었다. 30분 가량 지나 ㄱ군은 화장실에서 쓰러졌다. ㄱ군은 선배의 등에 업혀 병원으로 가던 도중 끝내 깨어나지 못했다. 직접적인 사인은 술 때문이 아니라고 하지만 도를 지나친 대학가 음주문화가 한 원인임에 틀림없다. 또 지난 16일 ㅅ대 박모 군(19. 2년 휴학중)은 사진동아리 뒤풀이 2차에서 신입생에게 술을 '제대로' 가르치지 못한다는 이유로 선배 최모 씨(24)에게 주먹으로 맞아 뇌출혈로 쓰러진 뒤 중태에 빠져 있다. 최근 적십자 간호대 조희 교수가 전국 대학생을 대상으로 음주실태를 조사한 결과 93.5%(성인 63.1%)가 술을 마시고 있는 것으로 나타났다. 또 친구와 선후배가 음주에 가장 많은 영향을 끼치고 있는 것으로 밝혀졌다. 1996년부터 지금까지 음주 강요로 사망한 대학생은 96년 충남대 신입생 등 2명, 97년 경북대 의대생 1명, 98년 연대생 등 3명, 99년 서울대생 1명을 포함한 4명 등 모두 10명이다. ······

(《경향신문》, 2000년 3월 20일)

대학 내 음주 문제는 다음과 같은 점에서 그 문제의 심각성이 있다.[12]

첫째, 술에 대한 통제력이 상실된 상태에서 음주하게 되므로 대부분의 경우 과음과 폭음으로 이어지게 된다는 점이다. 이런 경우 알코올의 급성중독 현상이 발현하여 연

---

12) 유일준, 앞의 글, 2001, 334-335쪽.

수기능의 급격한 저하로 호흡곤란, 구토 및 심지어 사망에 이르기까지 한다. 둘째, 과음으로 이어진 경우 대부분 다른 개인적, 사회적 문제들이 발생된다는 점이다. 음주는 곧 비행으로 이어지기 쉽다. 우발적이고 충동적인 사고뿐만 아니라 교내 폭력이나 성폭행, 살인 등에 이르기까지 그 문제는 다양하게 전개된다. 셋째, 대학사회에서 형성되는 음주규범은 신입생들에게 대를 이어 전달되어, 거의 대학문화로 정착된다는 점이다. 더 나아가 대학에서 이루어지는 대부분의 음주의식과 음주문화는 오히려 난폭하고 비인간적인 모습으로 심화된다. 예를 들어 몇 년 전에는 원샷(한꺼번에 잔을 비우는 행위)이 보편화되는 전통이었다면, 최근에는 내림 술(선배는 적은 잔으로 마시고 학년이 낮아질수록 큰잔으로 이어지는 술 이음)이 전통규범으로 이어지고 있다. 개인의 주량과 의지는 완전히 무시되고 비인간적인 집단의 규범이 지배하게 된다. 넷째, 대학에서 형성된 음주습관과 음주문화는 대학의 졸업과 함께 이들의 직장으로 전달되고, 이러한 전달이 곧 우리 사회의 좋지 못한 음주문화를 형성하는 저변이 된다는 점이다. 다시 말해 대학에서 잘못 형성된 음주문화는 그 파급효과가 커서 빠른 속도로 사회전체의 문화로 정착되고 있다.

2. 대학생의 문제음주13)에 영향을 미치는 요인

음주는 보편적인 사회적 현상으로 음주와 관련된 문제

---

13) 어떤 시각으로 음주 관련 문제를 바라보느냐에 따라 문제의 범위와 초점이 달라지게 된다. WHO에서는 음주섭취량과 음주 관련 문제를 연속선상에서 설명하면서 각 단계마다 음주 관련 문제를 제시해주고 있다. 이에 따르면 음주 관련 문제의 전통적인 기준인 의학적인 분류방법의 제한성을 경계하고 있다. 또한 미국 국립알코올연구소(NIAAA, National Institute on Alcohol Abuse and Alcoholism)에 따르면 음주 관련 문제를 의학적인 기준인 알코올 남용, 알코올 의존, 알코올중독과 같은 알코올로 인한 신체적인 영역과 알코올 섭취로 인해 의학적, 사회적, 법적인 문제를 일으키는 것 역시 알코올 남용(alcohol abuse)의 두 가지 영역으로 정의하고 있다. 이와 같이 음주폐해가 일부 특수집단 사람들에게만 한정된 것이 아니라 적당히 마시거나 사교적으로 마시는 사람들까지도 음주로 인해 여러 가지 폐해를 입기 때문에 음주통제의 초점이 알코올 중독과 같은 병리적인 음주에서 음주 관련 문제로 바뀌어지고 있다. 그러므로 WHO와 NIAAA 등 국제기관의 권유와 알코올 연구의 다양화 경향과 우리나라의 현실을 고려하여 다음과 같이 정리할 수 있다.
· 문제음주(problem drinking): 문제음주란 음주 관련 문제를 유발시키는 음주행위를 말한다.
· 음주 관련 문제(alcohol-related problem): 음주 관련 문제란 술을 적당한 정도로 통제하여 마시지 못하여 알코올을 남용(alcohol abuse)하게 되거나 알코올 의존(alcohol dependence) 또는 알코올 중독(alcoholism)에 이르게 되는 것뿐만 아니라, 음주로 인해 자신 또는 주변의 타인에게 신체적·정신적·경제적 그리고 사회적으로 부정적인 결과가 초래되는 것을 의미한다. 좀더 구체적으로 음주 관련 문제란 음주로 초래되는 부정적인 결과들로서 이에는 알코올 남용이나 중독과 같은 병리적인 음주뿐만 아니라 음주로 초래되는 가정문제, 직장문제 및 법적인 문제 등이 포함된다. 천성수 외, 『대학생 문제음주예방을 위한 홍보·교육 프로그램의 운용과 평가』, 삼육대학교·보건복지부, 2001, 26-27쪽에서 인용.

는 의학분야뿐만 아니라 심리학, 사회학 분야에서도 관심의 대상이 되고 있다. 특히 청소년기의 음주행태가 성인이 되어서도 그대로 이어질 확률이 높다는 점에서 중요하게 다루어져야 할 문제이다. 이런 음주행동의 원인은 많은 연구에도 불구하고 아직 불분명한 상태이며, 단일한 원인이기보다는 생물학적 요인과 심리·사회적 요인이 복합되어 발생하는 질환으로 알려져 있다.[14]

대학생의 음주에 영향을 미치는 요인을 신체·유전적 요인, 심리적 요인, 사회·문화적 요인으로 나누어 살펴본다.[15] 이러한 과정은 향후 음주요인별로 대상자를 분류하여 독서치료 프로그램을 개발하거나 예방과 치료를 위한 기초자료로 활용할 수 있을 것이다.

1) 신체·유전적 요인

대학 신입생들이 술을 마시고 담배를 피우는 것은 단순

---

14) 이상익 외, 『대학신입생의 음주 행태의 변화에 미치는 유전적·심리사회적 요인의 영향에 대한 전향적 연구』, 충북대학교, 2001, 7쪽.
15) 천성수 외, 앞의 책, 2001, 189-194쪽; 천성수, 「대학생폭음의 원인과 음주관련문제 분석」, 《한국알코올과학회지》 제3권 제2호 (2002. 11), 222-224쪽.

히 호기심에 의한 것일 수도 있으나, 어른들의 흉내를 내기 위하여, 즉 어른이 빨리 되고 싶은 마음에서 그러는 것이다. 우리나라의 중·고등학교 시절의 입시교육에서 해방된 대학생들은 시간의 적절한 운용, 원활한 대인관계 유지 등에서 많은 혼란과 시행착오를 겪게 된다. 대학입시로 누적되어 있던 감정의 돌출구로, 호기심과 모방, 반항심에서 술을 마시게 된다. 그래서 대학과 술은 한국사회에서 불가분의 관계에 있고, 우리나라 대학생들에게 있어 음주는 대학생활에서 빼놓을 수 없는 한 부분으로 자리잡고 있다. 표면적으로는 대학생의 알코올 남용은 '한때'의 행동인 것처럼 생각된다. 그러나 대학생 시기는 사춘기 청소년으로부터 성인기로 진입하는 시기로 변환적 스트레스를 심하게 경험하는 때이다. 더불어 동료집단의 압력(peer pressure), 자아정체성 혼란, 정서적 스트레스, 낮은 자긍심, 알코올에 대한 무지 또는 왜곡된 지식, 경우에 따라서는 가족의 알코올 남용과 같은 모든 요인들이 이들의 알코올 남용에 결정적인 영향을 미치고 있다. 술 마시는 이유 중 가장 흔한 것이 스트레스 해소이다. 복잡하고 힘든 사회생활에서 생기는 스트레스를 해소하는 가장 손쉬운 대처방법 중의 하나가 술을 마시는 것이다. 그 결과 점점 더 많은 학생들의 음주 비율이 늘어갈 뿐만 아니라 음주로 인한 문제가 증가하고 있는 것이다. 즉 과다한 음주는 신체에 스트레스를 주기 때문에 원래 해소하고자 했던 스트레스에 또 다른 스트레스가 더해지는 셈이다.

이와 같은 신체적, 성장적인 이유 이외에도 유전적,16) 가정적 요인17) 역시 청소년 및 청년기의 문제음주에 어느 정도 영향을 미치고 있다. 특히 알코올 중독자를 가정에 둔 청소년 자녀들일수록 비행과 더불어 약물과 알코올에 탐닉할 가능성이 높으며, 건강상태 역시 더욱 나쁜 것으로 조사되고 있다. 또한 부모의 음주 양상에 따라 청소년들의 학습 성취도 역시 차이가 있다. 이와 관련하여 다음의 신문기사는 흥미를 끈다.

---

16) 알코올 중독의 원인에 대한 생물학적 이론에서는 환경적 요인보다는 유전적인 요인으로 알코올 중독을 설명하려 한다. 이 유전이론은 알코올 중독을 일으키는 유전자가 따로 있어서 이것이 유전됨으로써 알코올 중독자가 된다는 것이다.

17) 사회학습이론에서는 관찰학습과 조건형성으로 알코올 중독을 이해하고 설명하려고 한다. 관찰학습 혹은 모델링은 우리가 중요한 타인으로부터 술 마시는 것을 학습한다는 것의 중요성을 지적한다. 이와 같은 중요한 타인으로는 부모나 친척, 형제 등을 들 수 있다. 어렸을 때 이들이 생활상의 문제에 대처하고자 또는 불안이나 우울에서 벗어나기 위해 술을 마시거나 약물을 사용하는 것을 보면서 자란 아이들은 이런 행동을 보는 것만으로도 학습이 이루어진다. 즉 문제 행동을 보는 것만으로도 이를 배우고 나중에 따라하게 된다는 것이다.

"20대 폭음이 알코올 중독 부른다"

　전문의들은 "알코올 분해 능력이 모자란 상태에서 갑작스럽게 폭음을 하면 호흡기 중추가 마비되거나 토한 음식이 기도를 막아서 질식사할 위험이 높다"고 경고한다. 정신의학적으로 알코올 중독은 유전적 인자가 있는 사람이 자주 폭음할 때 발현되는 일종의 뇌질환으로 정의한다. 서울 영동세브란스병원 정신과 남궁기 교수는 "알코올 중독의 유전적 인자가 있는 사람에게 폭음을 강요하는 것은 알코올 중독자의 길로 모는 것과 같다"며, "국내 성인의 알코올 중독 발생률이 10~20%로, 사회 초년생에게 음주를 강요하는 관행은 마치 러시안 룰렛을 강요하는 잔혹함과 다를 바가 없다"고 조언한다. 잘못된 음주습관의 악순환을 끊기 위해선 무엇보다 성인식 문화가 건전한 방향으로 개선돼야 한다. 또 개인 스스로도 술을 주체적으로 절제할 줄 아는 능력을 길러야 한다. 특히 알코올 중독의 가족력이 있는 사람은 절대적으로 폭음을 삼가는 강한 의지가 필요하다. 한편 사교문화가 발달한 서구에선 건강한 음주의 기준을, 남성의 경우 술의 종류와 상관없이 1주일에 14잔 미만, 한 번 음주시 4잔 이내로 제한한다. 또 여성은 1주일에 7잔 미만, 한 번에 3잔 이내다. 이 역시 알코올로 인한 문제가 없거나 알코올 중독의 가족력이 없는 사람에게만 해당되며 그렇지 않은 경우 음주는 절대 피해야 하는 것으로 알려져 있다. ……

(≪문화일보≫. 2002년 9월 3일)

2) 심리적 요인

　알코올 섭취는 심리적인 요인과 매우 밀접한 관계를 보

이는데, 많은 사람들이 음주가 불안을 경감시켜주고 긴장을 완화시켜주는 효과가 있다고 믿는다는 것이다. 즉 술을 마시게 되는 심리적인 이유 중 가장 큰 것은 술을 마시게 되면 어떠한 상태(기분)가 되는데 이런 상태를 맛보려는 기대감 때문에 술을 마시게 된다는 것이다. 술을 마시게 되면 '기분이 짜릿해진다', '걱정을 잊을 수 있다', '긴장을 해소할 수 있다', '재미있는 시간을 가질 수 있다', '적극적 또는 공격적으로 될 수 있다' 등등의 술 마신 후에 나타날 수 있는 것에 대한 기대를 가지고 그것을 다시 체험하기 위해서 술을 마시게 된다는 것이다. 이는 알코올의 긍정적인 효과에 대한 기대에서 술을 마신다는 기대이론으로, 대학생의 음주 이유 중 화를 풀거나 근심을 잊으려고, 혹은 긴장과 불안을 해소하려는 것 등이 상당한 비율을 차지하고 있음을 보아서 알 수 있다.

대학생활 만족도가 낮을수록, 삶의 행복도가 낮을수록, 타인으로부터 사랑받고 있는 느낌이 낮을수록 문제음주의 정도가 높다. 개인적으로 어려움을 말할 수 있는 대상이 없는 사람이 그렇지 않은 사람에 비해서 음주빈도, 음주량, 폭음빈도가 많으며, 어려움에 처해서 도움이 필요할 때 도와줄 수 있는 대상이 없는 학생이 그렇지 않은 학생에 비해서 음주빈도, 음주량이 더 많다. 개인적으로 어려움을 말할 수 있는 사람이 많을수록, 어려울 때 도와줄 수 있는 사람이 많을수록 문제음주의 정도가 낮다.

3) 사회·문화적 요인

(1) 사회적 지지 요인

사회적 지지는 개념이 복합적이고 포괄적이며 학자마다 다르게 정의하고 있지만 가족, 친지, 학교, 친구, 사회단체 등을 통해서 지지를 받는 것을 의미한다.

대학생들에게 일반적으로 부모와 형제로 구성된 가족, 친구, 교사 등은 타자이며, 사회적 지지를 제공하는 중요한 사람들이라고 할 수 있다. 가족지지는 부모지지와 형제지지로 나누어볼 수 있다. 부모와의 관계를 보면 어머니로부터 충분한 지지를 경험한 대학생은 높은 학업성취도를 보이고 긍정적인 자아개념과 자아통제력을 갖는다. 아버지와의 지지적 관계 또한 높은 수준의 자아존중감과 자아통제, 지적 발달, 만족스러운 또래관계와 유의한 상관이 있다. 형제관계는 혈연에 의해 맺어지는 영속적 관계이며 한 가정에 소속되어 있다는 점에서 부모관계와 유사한 성격을 지니지만 연령이 비슷하다는 점에서는 친구관계와 유사하다. 형제간의 지지적 상호 작용을 통한 다양한 경험은 대학생의 정서적, 지적 행동형성에 중요한 역할을 담당한다. 부모와 형제로 구성된 가족은 대학생에게 다양한 사회적 지지를 제공하며 이를 통해 얻게 되는 사랑과 수용, 안전의 느낌은 자아존중감과 대처전략을 증진시켜 스트레스를 유발하는 상황에서 대학생을 보호하고 나아가 적응과 안녕에 도움을 줄 것이다.

결국은 원만한 사회적 지지체계를 갖춘 대학생들은 음주 관련 문제에 있어서 대응 방법이 그렇지 않은 집단에 비해 다소 차이를 보이게 된다.

(2) 대학사회의 음주규범

우리나라의 음주규범과 음주문화는 유교적 윤리규범에 그 뿌리를 두고 있다. 따라서 우리나라의 음주문화의 특징은 권위주의적 음주행태, 의례지향적 음주행태, 그리고 체제지향적 음주유형이다. 이러한 특징들이 청소년 집단에서 어떤 형태로든지 존재하면서 다양한 차원의 음주 문제를 유발시키고 있다.

음주에는 '일상으로부터의 탈출', '정(情)을 나누는 것이다', '분위기를 부드럽게 한다'는 등의 꼬리표가 붙는다. 이 것은 음주가 갖는 사회적 믿음 때문이다. 술 마시는 것을 '정을 나누는 것', '단체 결속력을 높여준다'라는 식으로 미화하는 사회적 믿음이 지배하는 경우, 술을 많이 마시면 곧 정을 많이 나누는 것으로 착각할 수밖에 없다. 술에 대한 이러한 사회적인 인식들이 대학생들의 알코올에 대한 사회적 의존을 형성시키며, 음주규범을 만들어내어 다양한 차원의 음주 문제를 유발시키게 된다. 이와 관련하여 다음의 기사는 잘못 형성된 대학의 음주문화를 얘기하고 있다.

"꼭지 돈 캠퍼스…… 한국대학은 '만취'"
…… 소주병이 즐비한 대학 동아리방과 축제에 빠지지 않는 장터 주막들. 세브란스병원 정신과 신의진 교수는 "술은 뇌의 충동조절 기능을 약하게 만든다"며 "외국에서 술 먹는 장소를 엄격하게 제한하는 것은 술로 인한 충동적 행동에서 오는 피해를 막거나 줄이기 위해서"라고 지적했다. 그는 "학교는 술 먹고 스트레스 푸는 장소가 아닌 학문의 장소"라며 "대학생에게 금주를 명령할 수는 없지만 교정에서 먹는 것은 금지해야 한다"고 말했다. 그러나 대학생들의 무모한 음주와 동문회, 동아리에서 볼 수 있는 가혹한 술 통과의례의 저변에는 기성세대의 그릇된 음주문화가 깔려 있다는 것이 전문가들의 지적이다. 연세대 심리학과 황상민 교수는 "대학생들의 술 문화는 결코 대학생만 나무라는 것으로는 해결되지 않는다"고 지적했다. 황 교수는 "인간적 성숙은 제쳐둔 채 대학만

2장 대학생의 문제음주와 그 요인

들어가면 그만이란 식으로 절름발이를 만들어놓았기 때문에 우리 대학생들의 정신연령은 미국 학생들의 14~15세 수준에 불과하다"며 "최근 서울대에서 일어난 사고에 대한 책임은 인격적으로 미성숙한 성인을 만들어낸 기성세대에 있다"고 지적했다. 정서적으로 '고교 4~5학년'이라 해야 할 대학생들이 술의 위험과 술에 대한 자기 책임을 느끼기를 기대하기는 어렵다는 것이다. 동문회, 동아리의 패거리 문화도 실은 기성세대와 다를 게 없다는 지적이다. 황 교수는 "술판에서 같이 죽자는 식의 몰개성을 강요하는 음주문화는 학생들에게 이런 방식이 사회화이고 유대를 맺는 방식이란 인식을 하게 한다"며 "다양한 놀거리와 인간관계를 맺는 방법을 기성세대가 학생들에게 제공해야 한다"고 말했다. 연세대 화공과 학생회장 민광길 군은 "연초에 후배들이 들어오면 선배들은 감시조를 만들어 화장실 가서 안 오는 후배 없나, 혹시 밖에서 쓰러져 자다 얼어죽지는 않나 살피고, 후배들이 자다가 토해 기도가 막히는 것을 막기 위해 불침번까지 서가며 술을 먹인다"고 말했다. 그는 "고생을 자처하며 술을 머이는 이유는 후배들을 사귈 수 있는 다른 방법이 없기 때문"이라며 "어른들도 그러지 않느냐"고 반문했다. 대학생 음주사고가 터질 때마다 그들의 무모함만을 꾸짖어온 기성세대는 학생들의 이런 질문에 대답할 준비가 되어 있는지 의문이다.

(《주간조선》, 1999년 5월 28일)

대학생활은 음주에 많이 노출되는 시기이다. 대학교에 들어온 후 정기적으로 술을 마시기 시작하며, 억지로 술을 마신 경험 역시 선후배 친목모임과 신입생환영회 등 대학생활의 시작과 관련되어 있다. 대학생들이 경험하는 강제적 음주행위 역시 주로 대학입학과 거의 동시에 이루어지고 있으며, 폭탄주, 내림 술, 잔 돌리기 등 건전하지 못한 음주행위가 보편화되어 있다.

    대학생 음주에 있어서 사회적 관계에 의한 음주행위가 보편화되는 이유는 사회적 관계나 압력이 마치 알코올이 무해한 것처럼 오해하도록 만드는 데 있다. 실제로 대부분의 학생들이 친구들을 폭음가로 인식하고 있으면서도 자신의 음주는 사회적으로 적절한 수준으로 인식하고 있다. 그렇기 때문에 동료집단은 대학생들의 음주에 매우 중요한 역할을 하고 있다.

3
대학생의 문제음주에 대한
독서치료의 개입

1. 독서치료

1) 독서치료의 개념 및 발달과정

독서치료는 성격이나 행동에 있어 적응상 문제를 가지고 있는 사람에게 적당한 독서물을 제공함으로써 스스로 문제를 해결하고 적응을 정상화할 수 있도록 하는 정신치료의 한 분야이다.

독서치료가 고대로부터 알려지고 실시되어왔지만 그 용어 자체의 기원은 20세기 초에 크로더스(Crothers)에 의해서 이루어졌다고 볼 수 있다.[18] 크로더스가 ≪애틀랜틱 먼스

리(Atlantic Monthly)≫의 글에서 처음 'Bibliotherapy'라는 용어를 사용하였다고 한다. 독서치료란 용어는 그리스어의 'Biblion(book=도서)'과 'therapeia(treatment of disease=치료)'라는 복합어에서 나온 말로, 이 용어는 1941년 『돌런드 의학사전(Dorland's Illustrated Medical Dictionary)』에 "신경증을 치료하기 위해 책들을 골라서 읽는 것"이라고 처음으로 정의를 내렸다.19) 미국도서관협회는 『웹스터사전(Webster's Third New International Dictionary)』(1961)의 사전적인 정의를 공식적으로 받아들였다. 즉 정신의학과 의약 분야에서 치료의 보조수단으로 읽기 자료를 사용하고, 지시 받은 대로 읽음으로써 개인적인 문제를 해결하도록 안내하며, 적응을 잘 못하는 사람들을 사회에 복귀시키기 위한 치료이고, 사회적인 긴장을 없애기 위한 활동이라는 것이다. 이처럼 독서치료는 의학계와 도서관계에서 책을 통해 환자의 병을 치료한다는 정의를 공식사용함으로써 학문의 한 영역으로 자리매김하였다.

독서치료는 심리치료 등의 목적으로 도서를 이용하여 병을 치료한다든지 태도나 성격 등을 건전한 방향으로 변

---

18) 한국어린이 문학교육학회 독서치료연구회 편, 앞의 책, 2001, 17쪽.
19) 한국어린이 문학교육학회 독서치료연구회 편, 앞의 책, 2001, 17쪽.

화시키는 역사가 긴 치료법이다. 20세기 이후에 체계적인 학문의 한 분야로서, 미국에서 임상효과를 지닌 치료수단의 하나로 발전되었으며, 주된 도구이기보다는 보조적인 역할을 하는 것으로 인식되고 있다.[20]

독서치료가 실제로 적용되었던 사례로는 고대 아라비아의 압바스 왕조 시대에 칼리프 알만슈어(Calif Almansur)가 카이로의 병원에서 이슬람교의 성전인 코란을 주야로 환자에게 읽혀 질병을 치료하였다고 전해지고 있다.[21] 이러한 독서치료는 1800년대에 들어와서 심리요법으로서의 가치가 인정되어 미국과 영국의 병원에서 성서나 종교서를 환자에게 읽도록 하였다. 여기에서 더욱 발전하여 환자에게 읽히는 도서의 종류를 종교서나 도덕서에 국한하지 않고 오락적인 도서도 포함하게 되었다. 그러나 독서치료에 대한 과학적인 연구가 이루어지고, 병원에서 실질적으로 적용이 활발하게 이루어지게 된 것은 근래의 일이다. 초창기에는 병원이나 정신의학 분야에 한정되었던 독서치료가 그 개념이 바뀌어 지역사회 안으로 확장되어 병원, 학교, 교도

---

20) 민영숙,「청소년의 비행과 독서요법의 적용에 관한 연구」, ≪출판문화연구소 논문집≫ 제1집(1999. 1), 121쪽.
21) 변우열, 앞의 글, 1997, 11쪽.

소, 소년원, 맹인시설, 양로원, 그리고 우리의 일상생활 속으로까지 다양하게 이용되고 있는 추세에 있다.22)

2) 독서치료의 기본 원리

독서치료는 대상자 자신의 내면적 욕구와 깊이 관련된 자료를 읽음으로써 자기와 매우 닮은 인간상을 발견할 때 경험하는 '자기인지의 충격'에 의해 시작된다. 문학작품에서 대상자의 악순환을 타파하는 장면이 주어져 그의 의식을 확대하여 이해를 풍부하게 하는 새로운 관계 체계가 형성될 때 생기는 정서적 정도의 강도에 따르는 것으로서, 작품 중의 등장인물에 대한 동일화, 카타르시스, 통찰의 3가지 기본적인 과정을 거치면서 치료가 이루어진다.

(1) 동일화

동일화(identification)는 다른 사람에게 애정을 느껴 자기와 다른 사람을 일체로 생각하려는 심리적 경향으로 투영과 섭취가 있다. 투영은 자기의 감정, 사고, 성격, 태도를 다른 사람 속에서 찾아내는 것이고, 섭취는 그와 반대로 다

22) 변우열, 앞의 글, 1997, 12쪽.

른 사람의 감정, 사고, 성격, 태도를 자기 속에서 찾아내는 것을 말한다. 일반적으로 치료 과정에 있어서 대상자는 치료자에게 감정적인 애정을 느껴 동일화가 이루어지지만 독서치료의 경우에 동일화는 현실의 치료자에 대해서만이 아니고 도서 속에 등장하는 인물에 대하여 일어난다. 그래서 대상자는 도서 속에 등장하는 인물의 감정, 사고, 태도를 이상상으로 인지하고 그것을 자기의 내면에 섭취하는 것이다. 그런데 대상자는 유아기의 체험에 문제가 많고 비뚤어진 인간관계나 그것에 붙어 있는 심리현상을 도서 속의 인물에게 투영한다. 이와 같이 자신의 과거 인간관계 속에서 형성된 감정을 현재의 인물에 투영하는 것을 감정전이라고 하는데, 독서과정에서 이러한 감정전이가 일어나게 된다. 그런데 치료가 점점 깊어질수록 그와 같은 감정전이는 비현실적임을 자각하여 도서 중의 인물을 이상상으로 확인할 수 있게 되어 현실적인 동일화가 일어남에 따라 유아기의 자아상이 수정됨과 동시에 새로운 자아상이 이상상으로 섭취되어지는 것이다.

(2) 카타르시스

카타르시스(catharsis)는 치료적인 면에서 볼 때 대상자의 내면에 쌓여 있는 욕구불만이나 심리적 갈등을 언어나 행동에 의하여 충동적 정서나 소극적인 감정을 발산시키는 것을 말한다. 독서치료에서의 카타르시스는 작중 인물의 감정, 사고, 성격, 태도에 대한 감상을 문장으로나 말로 표현시키는 이른바 감상의 고백을 말한다. 이러한 작중 인물에 대한 감상의 고백은 대상자 자신의 내면적인 정서나 사고, 성격, 태도의 간접적인 고백이기 때문에 치료가 계속됨에 따라 의식적인 억제나 억압이 점차 약해져서 작중 인물에 대한 감상이라고 하는 간접적인 표현 형태로 바뀌게 된다.

(3) 통찰

통찰(insight)이란 자신에 대해서 객관적인 인식을 스스로 경험하는 것으로 카타르시스 다음에 나타난다. 독서치료의 통찰은 계속적인 치료 과정을 통하여 작중 인물의 행동을 스스로 깨닫도록 함으로써 자기 자신의 동기 조성이나 욕구를 달성할 수 있는 카타르시스를 동반한 감정적 통찰력을 갖게 하는 것이다. 이 경우 적응 이상을 지닌 대상자에게는 과거의 불건전한 원인을 제거하기 위하여 새로운 경험을 부여시킴으로써 종래의 악순환을 없애고 건전한 적응이 촉진되도록 한다. 대상자 자신이 문제 해결을 충분히 달성하지 못할 경우에는 그와 동일한 문제를 해결해놓은 작품을 읽혀 작중 인물과 동일화시킴으로써 작중 인물이 해결했던 적응 방법과 같은 방법으로 문제를 해결할 수 있다.

3) 독서치료의 특징

일본의 독서치료 전문가 오오가 사다오(大神貞男)는 독서치료의 특징을 다른 심리치료(예를 들면, 정신분석, 행동치료 등)와 비교하여 다음과 같이 들고 있다.[23]

첫째, 전통적으로 다른 심리치료에 비해 이론이나 방법 및 절차가 간단하고 누구나 비교적 쉽게 접근할 수 있는 치료 기술이다. 둘째, 심리치료의 치료는 상당히 장기간을 요하고 일반적으로 행동문제나 비행청소년의 치료나 지도 방법으로서는 임상화가 상당히 곤란하다. 하지만 독서치료는 그러한 장애를 쉽게 해결해주며 치료 기간도 6개월 정도면 충분하다. 셋째, 문제행동에 대한 치료적 효과는 일반 비전문가에게도 한 눈으로 알아 볼 수 있을 정도로 뚜렷하다. 넷째, 심리치료는 일반적으로 치료에 심한 저항감을 동반하고, 전개 과정도 번거롭다. 하지만 독서치료는 좋

---

23) 변우열, 앞의 글, 1997, 140-141쪽.

은 문학 작품을 읽는 것이 곧 치료이므로 저항감도 없고 대상자 자신도 치료를 받고 있는 기분도 들지 않은 채 흥미 본위로 독서를 계속하다보면 모르는 사이에 치료가 진행되는 소위 자기치료의 원리에 의하여 이루어진다. 다섯째, 독서치료는 심리요인으로서만이 아니고 생활 지도 기술로서 비행의 예방 대책, 문제아 지도, 성교육 등에도 효과적이며 폭넓게 적용될 수 있다.

4) 독서치료의 목적

진 파르덱(Jean Pardeck) 등은 독서치료의 주요한 목적으로 다음 6가지를 들고 있다. 첫째, 문제에 대한 정보를 제공하는 것, 둘째, 문제에 관한 통찰을 제공하는 것, 셋째, 문제를 토론하도록 자극하는 것, 넷째, 새로운 가치와 태도를 나누는 것, 다섯째, 비슷한 문제를 경험한 다른 사람들이 있음을 자각하게 하는 것, 여섯째, 문제에 대한 해결책을 제시하는 것이다.[24]

---

[24] John T. Pardeck & Jean A. Pardeck, *Bibliotherapy - A Clinical Approach for Helping Children*, New York: Gordon & Breach Science, 1993, p.1.

베스 돌(Beth Doll)과 캐롤 돌(Carol Doll)이 정리한 독서치료의 7가지 목적은 다음과 같다. 첫째, 책을 읽은 사람에게 자기 자신에 대한 통찰력을 키워주는 것, 둘째, 정서적 카타르시스를 경험하게 하는 것, 셋째, 읽는 이들이 겪는 일상적인 문제들을 해결하도록 돕는 것, 넷째, 다른 사람과 상호 작용하는 태도를 변화시키는 것, 다섯째, 다른 사람과의 관계가 원만하고 만족스럽도록 돕는 것, 여섯째, 청소년들이 자신의 동료와 헤어지는 특정한 문제상황에 직면할 때 유용한 정보를 제공하는 것, 일곱째, 읽는 이들에게 독서의 즐거움을 주는 것이다.[25]

5) 문헌정보학계의 활동

국내에서 독서치료에 대한 연구활동은 그다지 활발하게 이루어지지 않고 있으며, 특히 문헌정보학 분야의 연구는 지극히 적다. 그러나 최근 관심을 끄는 활동이 있어 그 면면을 살펴보고자 한다.

2001년 8월 문헌정보학계 학자 몇 명이 모여 독서요법

---

[25] Beth Doll & Carol Doll, *Bibliotherapy with Young People*, Englewood, Colorado: Libraries Unlimited, 1997, pp.7-9.

연구회(가칭)란 독서치료 관련 연구모임을 결성하였다. 이 모임은 "책이 구체적으로 어떻게 인간의 심리나 정신에 작용하여 행동변화를 일으킬 수 있도록 하는지에 대한 독서치료연구는 곧 도서관 장서의 힘을 실증적으로 보여줄 수 있는 근거가 될 수 있고, 늦은 감이 없지 않지만 본격적으로 책의 치유능력을 이용한 도서관 봉사론을 개발해야 할 것"이라는 취지 아래 발족되었다. 아직 연구회의 구체적인 활동은 없으나, 여기 모임을 준비한 몇몇 학자들의 연구활동은 지속적으로 이루어지고 있다.

부산대학교 문헌정보학과 김정근은 2000년에 기회가 온 안식년을 통해 학문의 임상성 확보를 위해 고민하던 중에 독서치료를 알게 되었다. 그는 문헌정보학의 임상성 확보를 위한 방안으로 독서가 제격이라고 생각했으며, 독서의 새로운 기능인 치료적 기능에 주목하였다. 그래서 안식년을 통해 독서치료 관련 연구를 진행하는 한편 대학원 수업을 준비하기 시작하였다.[26] 2001년 2학기 교육대학원 수업을 시작으로 2002년 1학기 일반대학원 석사과정에 '독서치료' 강의가 이루어졌고, 2003년 1학기 현재 교육대학원 과정의 학생들을

---

26) 송영임, 「정신보건을 위한 공공도서관 역할 연구」, 석사학위논문, 부산대학교 대학원, 2003, 55쪽.

3장 대학생의 문제음주에 대한 독서치료의 개입

대상으로 강의가 진행중이다. 2001년 처음 시작한 '독서치료' 강의는 김정근이 개발한 다양한 독서자료[27])를 활용하여 읽고 토론하는 방식으로 이루어졌다. 이 수업 참가자의 대부분인 현장의 사서나 교사들에게 마음의 상처는 어디서 오는지, 마음의 상처는 치유될 수 있는지를 생각하고 토론하는 과정이 주어졌다. 수업이 끝난 후, 마음의 상처에 대한 구체적인 상황에 개인적 체험과 사례를 바탕으로 치유에 대한 생각과 상황에 따른 독서목록을 개발하도록 하는 학기말 논고를 작성하게 하였고, 이러한 학기 논고를 묶어 『책은 치유하는 힘이 있는가』라는 논고집을 발간하였다.[28]) 이 논고들은 독서치료가 가능하다고 여겨지는 어떤 상황을 찾아내어 이 상황

---

27) 수업에 쓰인 독서치료 자료는 다음과 같다. <돌로레스 클레이본>(비디오 테이프), <길모퉁이>(비디오 테이프), <명문대생, 그는 왜 부모를 살해했나>(비디오 테이프), 알리스 슈바르처,『아주 작은 차이』(김재희 옮김), 이프, 2001; 이호철,『학대 받는 아이들』, 보리, 2001; 이훈구,『미안하다고 말하기가 그렇게 어려웠나요』, 이야기, 2001; 김혜련,『학교 종이 땡땡땡』, 미래 M&B, 1999; M. 스콧 펙,『아직도 가야 할 길』(신승철·이종만 옮김), 열음사, 2001; M. 스콧 펙,『거짓의 사람들』(윤종석 옮김), 두란노, 1999; W. 휴 미실다인,『원만한 정서생활을 가로막는 몸에 밴 어린 시절』(이종범·이석규 옮김), 가톨릭출판사, 2000; 리처드 칼슨,『우리는 사소한 것에 목숨을 건다 1』(정영문 옮김), 창작시대, 2001; 리처드 칼슨,『우리는 사소한 것에 목숨을 건다 2』(강미경 옮김), 창작시대, 2001.
28) 책읽기를 통한 정신치료 연구실.『책은 치유하는 힘이 있는가』, 부산대학교 문헌정보학과, 2002.

에 맞는 독서목록의 개발을 시도하였다는 데 의의를 찾아볼 수 있다. 2002년 2학기 두번째 이루어진 '독서치료' 강의를 통하여 학생들은 수업에서 자가치유서로 선정된 22권의 도서[29] 중 11권을 선택하여 심층적으로 읽고 '이 책은 무엇을 말하는가', '이 책은 나에게 무엇이었는가', '이 책은 누구에게 도움이 되겠는가'와 같은 내용으로 보고서를 생산하였다. 이렇게 나온 보고서들은 학기 논고집 『마음 아픈 이들을 위한 자가치유서 안내』로 발간되었다.[30] 보고서를 통하여 강의

---

[29] 이 수업에 쓰여진 자가치유서는 다음과 같다. <길모퉁이>(비디오 테이프), 이희경, 『마음 속의 그림책』, 미래M&B, 2000; 이호철, 『학대 받는 아이들』, 보리, 2001; 이훈구, 『미안하다고 말하기가 그렇게 어려웠나요』, 이야기, 2001; 알리스 슈바르쳐, 『아주 작은 차이』(김재희 옮김), 이프, 2001; 김학룡·서현아, 『알기 쉬운 소아정신건강』, 양서원, 2000; 이영식·진태원, 『우리 아이 왜 이럴까?』, 시서례, 2001; 김정일, 『이런 부모가 자식을 정신병자로 만든다』, 박영률출판사, 2002; 리처드 칼슨, 『우리는 사소한 것에 목숨을 건다 1』(정영문 옮김), 창작시대, 2001; 리처드 칼슨, 『우리는 사소한 것에 목숨을 건다 2』(강미경 옮김), 창작시대, 2001; M. 스콧 펙, 『아직도 가야 할 길』(신승철·이종만 옮김), 열음사, 2001; M. 스콧 펙, 『길을 떠난 영혼은 한 곳에 머물지 않는다』(임기영 옮김), 고려원, 1995; M. 스콧 펙, 『거짓의 사람들』(윤종석 옮김), 두란노, 1999; 장성숙, 『그래도 사람이 좋다』, 나무생각, 2001; 틱낫한 지음, 『화』(최수민 옮김), 명진, 2002; 강진구, 『왜 이러나』, 하나의학사, 2001; 민성길, 『민성길 정신과클리닉』, 편집회사 사람·들, 1997; 권영재, 『정신건강 클리닉』, 하서, 2000; 이규환, 『그래서 나는 오늘 정신과로 간다』, 그린비, 1997; 최훈동, 『마음의 문을 열어주는 정신의학 이야기』, 한울, 2001; 김영진, 『한국의 아들과 아버지』, 황금가지, 2002; 베르벨 바르데츠키, 『따귀 맞은 영혼』(장현숙 옮김), 궁리, 2002.

3장 대학생의 문제음주에 대한 독서치료의 개입

참여자들은 정도의 차이는 있지만 모두가 치유를 경험하였다고 하였고 자신에게 일어난 '변화'를 이야기하고 있다. 이 보고서들은 독서치료 분야에서 지금까지 관심을 끌던 픽션(fiction)이 아닌 논픽션(non-fiction)으로 이루어진 자가치유서(self-help book)를 안내하고 있어, 상황에 따른 논픽션 독서자원의 개발에 관심을 높일 수 있는 계기가 될 것이다. 세번째 진행중인 2003년 1학기 강좌[31)]는 '정신보건 상황은 어떠한

---

39) 책읽기를 통한 정신치료 연구실.『마음 아픈 이들을 위한 자가치유서 안내』, 부산대학교 문헌정보학과, 2003.
31) 교육대학원 '독서교육론' 수업중 읽고 토론할 독서목록은 다음과 같다.
　첫째, 정신보건 상황은 어떠한가?
　「한국 사회의 편견과 차별의 구조―신체 장애」, 《당대비평》 연속기획 1(2001년 봄);「한국 사회의 편견과 차별의 구조―정신 장애」, 《당대비평》 연속기획 3(2001년 겨울); <길모퉁이>(비디오 테이프), <명문대생, 그는 왜 부모를 살해했나>(비디오 테이프), <돌로레스 클레이본>(비디오 테이프), 이희경,『마음 속의 그림책』, 미래M&B, 2000; 이호철,『학대받는 아이들』, 보리, 2001; 이훈구,『미안하다고 말하기가 그렇게 어려웠나요』, 이야기, 2001; 유디뜨 얀베르그 구술, 엘리자베뜨 데사이 기록,『나는 나』(조선희 옮김), 1-2권, 청하, 1985; 알리스 슈바르처,『아주 작은 차이』(김재희 옮김), 이프, 2001; 전국교직원노동조합 참교육실천위원회 엮음,『학교붕괴』, 푸른나무, 1999; 김동훈,『한국의 학벌, 또 하나의 카스트인가』, 책세상, 2001.
　둘째, 정신보건 상황에 대한 대처 방안은 무엇인가?
　김학룡·서현아,『알기 쉬운 소아정신건강』, 양서원, 2000; 이영식·진태원,『우리 아이 왜 이럴까?』, 시서례, 2001; 김정일,『이런 부모가 자식을 정신병자로 만든다』, 박영률출판사, 2002; 리처드 칼슨,『우리는 사소한 것에 목숨을 건다 1』(정영문 옮김), 창작시대, 2001; 리처

가?', '상황에 대한 대처방안은 무엇인가?', '독서치료 기법의 위치는 무엇인가?', '정신보건사서(mental health librarian)의 역할은 무엇인가?' 라는 내용으로 이루어지고 있다. 수업 참여

드 칼슨, 『우리는 사소한 것에 목숨을 건다 2』(강미경 옮김), 창작시대, 2001; 『이상심리학 시리즈』 전30권, 학지사, 2000; M. 스콧 펙, 『아직도 가야 할 길』(신승철·이종만 옮김), 열음사, 1991; M. 스콧 펙, 『길을 떠난 영혼은 한 곳에 머물지 않는다』(임기영 옮김), 고려원, 1995; M. 스콧 펙, 『거짓의 사람들』(윤종석 옮김), 두란노, 1996; W. 휴 미실다인, 『원만한 정서생활을 가로막는 몸에 밴 어린 시절』(이종범·이석규 옮김), 가톨릭출판사, 1987; 장성숙, 『그래도 사람이 좋다』, 나무생각, 2001; 틱낫한, 『화』(최수민 옮김), 명진, 2002; 알버트 엘리스, 『화가 날 때 읽는 책』(홍경자·김선남 편역), 학지사, 1995; 강진구, 『왜 이러나』, 하나의학사, 2001; 민성길, 『민성길 정신과클리닉』, 편집회사 사람·들, 1997; 권영재, 『정신건강 클리닉』, 하서, 2000; 이규환, 『그래서 나는 오늘 정신과로 간다: 정신과 클리닉 A to Z』, 그린비, 1997; 최훈동, 『마음의 문을 열어주는 정신의학 이야기』, 한울, 2001; 현경, 『미래에서 온 편지』, 열림원, 2001.

셋째, 독서치료(bibliotherapy)와 정신보건사서(mental health librarian)의 위치와 역할은 무엇인가?

이영애, 『책읽기를 통한 치유』, 홍성사, 2000; 한국어린이문학교육학회 독서치료연구회 편, 『독서치료』, 학지사, 2001; 도로시 버틀러, 『쿠슐라와 그림책 이야기』(김중철 옮김), 보림, 1997; John T. Pardeck, *Using Bibliotherapy in Clinical Practice: A Guide to Self-Help Books*, Greenwood Press, 1993; John T. Pardeck, *Using Books in Clinical Social Work Practice: A Guide to Bibliotherapy*, The Haworth Press, 1998; John T. Pardeck & Jean A. Pardeck, *Bibliotherapy: A Clinical Approach for Helping Children*, Gordon and Beach Science Publishers, 1993; Beth Doll & Carol Doll, *Bibliotherapy with Young People: Librarians and Mental Health Professionals Working Together*, Libraries Unlimited, 1997; Association of Hospital and Institution Libraries, *Bibliotherapy: Methods and Materials,* American Library.

자들의 후속 연구를 기대하여본다.

한편 김정근은 정규 교과과정 외에 대학원생을 중심으로 2002년 초부터 '책·정·연32) 정신분석학 읽기 모임'을 하고 있다. 이 모임은 일반대학원과 교육대학원생, 현장사서들이 자발적으로 참여하여 독서치료와 관련된 책들을 읽고 함께 토론하는 방식으로 진행하고 있다. 궁극적으로 문헌정보학 입장에서 독서치료의 활용방안을 모색해보기 위한 모임이다. 이 모임에서 읽고 있는 독서목록은 2002년 정신분석 및 정신의학에 관심을 두고 정신보건에 관련된 책 12권과, 마음의 상처와 병을 소재로 한 소설 10권으로 구성33)되었고, 2003년 사가치유서의 대표저자라 할 수 있

---

32) 책·정·연은 책읽기를 통한 정신치료 연구실의 줄임말이다.
33) 책·정·연 정신분석학 읽기 모임의 2002년도 독서리스트는 다음과 같다. W. 휴 미실다인, 『원만한 정서생활을 가로막는 몸에 밴 어린 시절』(이종범·이석규 옮김), 가톨릭출판사, 2000; 이규환, 『그래서 나는 오늘 정신과로 간다: 정신과 클리닉 A to Z』, 그린비, 1997; 민성길, 『민성길 정신과 클리닉』, 편집회사 사람·들, 1997; 최훈동, 『마음의 문을 열어주는 정신의학 이야기』, 한울, 2001; 권영재, 『정신건강 클리닉』, 하서, 2000; 박두병, 『알기쉬운 일반정신의학』, 하나의학사, 1996; 오하라 겐시로, 『마음의 병, 그 정신병리』(이유정 옮김), 태동출판사, 2000; K. M. 콜비, 『정신치료 어떻게 하는 것인가』(이근후 옮김), 하나의학사, 1992; 에드워드 암스트롱 베넷, 『한 권으로 읽는 융』(김형섭 옮김), 푸른숲, 1997; 데이비드 스태포드 클라크, 『한 권으로 읽는 프로이트』(최창호 옮김), 푸른숲, 1997; 정원철, 『정신보건사회사업론: 이론과 실제』, 학문사, 2000; 안향림·박정은, 『정신보건사회복지』, 개정2판, 홍익재, 2001; 현경, 『결국은 아름다움이 우리

는 스콧 펙의 저서로 꾸며진 14권의 독서목록34)을 읽고 토
론할 예정이다. 이 모임은 독서하며 자유롭게 이야기를 나
누는 과정 속에 책의 치유력을 인정하고, 도서관과 사서의

> 를 구원할 거야』 1-2권, 열림원, 2002; 김형경, 『사랑을 선택하는 특
> 별한 기준』 1-2권, 문이당, 2001; 우계숙, 『13월의 아이들』 1-2권, 개
> 미, 2001; 텐도 아라타, 『영원의 아이』 상·중·하권(김난주 옮김), 살
> 림, 1999; M. 스콧 펙, 『창가의 침대』(이상호 옮김), 열음사, 1990;
> 실비아 네이사, 『뷰티풀 마인드』(신현용·이종인·승영조 옮김), 승산,
> 2002; 이외수, 『꿈꾸는 식물』, 동문선, 1978; 김원일, 『아우라지로 가
> 는 길』 1-2권, 문학과 지성사, 1996; 은희경, <아내의 상자>, ≪현
> 대문학≫ 1997년 4월호; 김인숙, <거울에 관한 이야기>, ≪실천문
> 학≫ 1997년 가을호.

34) 책·정·연 정신분석학 읽기 모임의 2003년도 독서리스트는 다음과
같다. M. 스콧 펙, 『아직도 가야 할 길』(신승철·이종만 옮김), 개정판
열음사, 2002; M. 스콧 펙, 『끝나지 않은 길』(김창선 옮김), 2판, 소
나무, 1999; M. 스콧 펙, 『거짓의 사람들』(윤종석 옮김), 두란노,
1997; M. 스콧 펙, 『평화의 북소리: 공동체로 가는 길』(김예숙·김예
자 옮김), 자유인공동체, 1995; M. 스콧 펙, 『창가의 침대』(이상호 옮
김), 열음사, 1990; M. 스콧 펙, 『해리 이야기』(장은수 옮김), 청양,
1996; M. 스콧 펙, 『우리들이 잊고 지내는 진실』(장은수 옮김), 청양,
1996; M. 스콧 펙, 『우리가 바꿔야 할 세상』(문은실 옮김), 명경,
1996; M. 스콧 펙, 『세상에서 가장 따뜻한 조언』(고성미 옮김), 창해,
1996; M. 스콧 펙, 『영혼은 한 곳에 머물지 않는다』(임기영 옮김),
고려원미디어, 1995; M. 스콧 펙, 『내 영혼을 찾아서』(김훈 옮김), 고
려원미디어, 1996; M. 스콧 펙, 『영혼의 부정』(민기기 옮김), 김영사,
2001; M. Scott Peck, *What Return Can I Make?: Dimensions of the
Christian Experience*, Simon & Schuster, 1985; M. Scott Peck, *In
Heaven As On Earth: A Vision of the Afterlife*, Hyperion, 1996; M. Scott
Peck, *The Road Less Traveled and Beyond: Spiritual Growth in an Age of
Anxiety*, Simon & Schuster, 1997; M. Scott Peck, *Golf and the Spirit:
Lessons for the Journey*, Harmony Books, 1999.

존재와 역할에 대해 성찰하는 계기를 마련해주고 있다.

경기대학교 인문학부 문헌정보학전공 한윤옥은 그동안 독서교육에 관한 연구를 꾸준히 해왔으며, 1999년 7월 책임연구를 맡아 「국민독서문화 진흥을 위한 독서서지정보시스템 개발」35)이란 보고서를 발간하였다. 이 보고서는 국민 독서문화 진흥을 위한 독서교육 방안의 하나로 독서와 관련된 서지정보시스템을 개발한 것으로, 독서치료를 위한 독서 상황을 설정하고 상황에 따른 도서를 선정·해제하여 발간하였다는 데 의의가 있다. 상황별 독서목록에 대한 연구는 2003년 봄 독서치료를 위한 상황별 독서목록의 기초적 요건에 대한 연구36)를 통해 심화되고 있다. 이 연구는 독서치료를 위한 상황별 독서목록을 만들기 위한 기초작업으로 독서치료대상자의 상황을 분석할 수 있는 기준과 분류체계를 제시하였다. 연구활동 외에 정규 강좌를 통한 독서치료 연구는 2002년 1학기에 경기대학교 교육대학원에 '교육자료분류목록'이란 강좌를 개설하여 진행하였다. 이 강의를 통하여 대부분의 강의 참여자였던 사서교사와 공공

---

35) 한국도서관협회, 「국민독서문화 진흥을 위한 독서서지정보 시스템 개발」 최종보고서, 한국도서관협회·한국문화예술진흥원, 1999.
36) 한윤옥, 「독서치료를 위한 상황별 독서목록의 기초적 요건에 관한 연구」, 《한국문헌정보학회지》 37권 1호(2003. 3), 5-25쪽.

도서관 사서로부터 도서관과 독서치료의 관련성 및 사서의 역할에 대한 긍정적인 반응을 얻었다고 한다.[37]

이러한 김정근과 한윤옥의 활동은 문헌정보학계나 도서관 현장에서 독서치료나 도서관 봉사에 대한 임상적 연구나 강좌가 활발하게 이루어지지 않고 오히려 심리학 혹은 유아교육 분야 등에서 독서치료가 연구되고 있는 상황에서 문헌정보학계 내 독서치료에 대한 연구를 활성화시키는 새로운 바람이 될 것이고, 연구 성과물들은 독서치료의 이론적 뒷받침이 되리라 기대한다.

2. 대학생의 문제음주와 독서치료

1) 대학생 문제음주 예방을 위한 정책 방향

(1) 대학생 음주실태가 보여주는 시사점

대학생의 음주를 조사한 결과보고서를 통해 다음과 같은 시사점을 찾을 수 있다.[38] 이것은 대학생의 음주 문제를

---
37) 한윤옥, 앞의 글, 2003, 10쪽.
38) 조성기 외, 『부산대학교 학생의 음주실태』, 한국음주문화연구센터·한국대학생알코올문제예방협회, 2001, 15~16쪽.

3장 대학생의 문제음주에 대한 독서치료의 개입

예방하기 위한 방안을 모색하는 데 도움을 줄 수 있으리라 생각된다.

① 대학생을 위한 음주 관련 교육은 문제를 예방할 수 있다.
② 대학생은 같이 즐길 때 음주 이외의 다른 방법은 알지 못한다.
③ 대학생은 개인 문제가 있을 경우 적절한 대처 방법을 배운 적이 없다.
④ 대학생은 음주와 관련한 교육을 받은 적이 거의 없다.
⑤ 신입생일수록 학기 초에 과음하는 비율이 높고, 대학 입학시의 음주습관이 일생 동안 영향을 미친다.
⑥ 음주에 관한 교육을 받은 사람일수록, 지식이 많을수록 과음 비율이 낮다.
⑦ 사회적 대처기술이 발달할수록 과음 비율, 문제음주자 비율이 낮다.
⑧ 교내 행사에서 음주를 허용할수록 과음 비율이 높다.
⑨ 대학 내에 문제음주자가 존재한다. 또한 대학생의 문제음주의 비율이 높다.
⑩ 사회나 대학당국은 대학생의 음주 문제에 관하여 문

제의식이 없거나 방관하고 있다.

(2) 대학생의 문제음주를 위한 정책 방안

대학생의 음주는 주로 사회적 관계 속에서 이루어지기 때문에 음주 문제를 예방하는 일이 쉽지 않다. 따라서 근본적으로 음주에 대한 태도와 가치를 변화시켜 건전한 음주문화가 형성되도록 하는 것이 최선의 방법이다. 대학생의 음주 문제를 더 이상 개인적인 문제로 다루지 말고 음주에 관한 지식을 높임으로써 스스로 음주에 대한 태도를 변화시키고 이에 따라 음주 문제의 예방이 가능하도록 도와주어야 한다. 또한 대학사회에서의 절주운동이 이루어져야 하고, 음주를 대체할 수 있는 다양한 프로그램을 개발하도록 한다. 앞에 밝힌 보고서[39]에 나타난 대학생 음주 예방을 위한 정책 방안을 살펴보고자 한다. 이러한 과정은 문제음주와 관련된 프로그램의 개발이나 도서관이 독서치료 서비스 방안을 찾아가는 이정표 역할을 하는 데 도움이 될 것이다.

① 대학의 정책에 음주 관련 규정을 명시한다. 학칙으로 대학 건물과 캠퍼스 내의 금주를 규정하고, 대학 내에 술 광고 금지, 대학 행사시에 술을 제공하는

---

39) 조성기 외, 앞의 책, 2001, 174~176쪽.

등의 판촉활동을 금지하여야 한다.
② 음주 관련 특강, 관련 과목 개설 및 각종 예방 프로그램을 개발·실시한다. 대학당국은 대학생의 건강과 관련한 알코올 인식을 높이고, 음주태도를 바람직한 방향으로 이끌어가기 위하여 정기적으로 알코올 관련 강연을 실시하고, 가능한 정규과목의 교육과정에 술과 음주문화와 관련한 내용을 포함시키도록 하는 것이 바람직하다.
③ 문제음주자에 대한 상담, 치료 프로그램을 개설한다. 개별 상담은 물론, 집단 프로그램을 제공하여 더 이상 음주 문제를 일으키지 않도록 하고, 음주로 인한 사고와 불이익을 막아야 하며, 나아가 알코올 중독에 빠지지 않도록 도와주는 것이 필요하다.
④ 인간관계 훈련 등 사회적 기술을 익히기 위한 집단 프로그램을 실시한다. 대학생의 음주 문제는 사회적 기술을 향상시킴으로써 예방할 수 있다는 이론적 근거와 실증적 결과에 따라, 자존심 향상 프로그램, 인간관계 개선 프로그램, 경청기술이나 대화기술 등 의사소통 프로그램, 분노조절 프로그램, 주장 훈련 등 다양한 프로그램을 개발·실시하여야 한다.

⑤ 음주 이외의 대안활동을 개발하여 학생들에게 제공한다. 대학 내에 각종 스포츠 시설, 오락·문화 시설을 갖추고, 직접 참여할 수 있는 기회를 제공하는 것으로부터 시작해야 할 것이다.

⑥ 교내 음주 관련 예방활동 학생 조직을 적극 형성, 지원한다. 자발 지원 예방활동조직이 형성되어 대학생 스스로 자기들의 음주문화를 개선하는 활동을 할 수 있도록 조직을 조성·지원해주는 것이 필요하다.

⑦ 대학 내·외의 건전 음주문화 분위기를 조성한다. 대학 내에서의 음주문화로는 충분하지 않다. 대학생들의 음주는 대부분 대학 캠퍼스 바깥에서 이루어지기 때문이다. 따라서 대학가를 형성하고 있는 지역사회의 노력이 동시에 필요한 것이다.

2) 독서치료의 개입가능성

앞에 살펴본 대학생의 음주 요인이나 예방을 위한 정책 방향과 관련하여 도서관이 독서치료를 통해 어떻게 개입할 수 있는지 살펴본다.

3장 대학생의 문제음주에 대한 독서치료의 개입

(1) 음주에 대한 지식 제공

　대학생들의 문제음주를 예방하고 건전한 음주문화를 정착시키기 위해서는 지식의 전달을 통해 음주에 대한 사회적인 가치를 변화시키는 방향의 교육이 이루어져야 한다. 알코올의 역사, 알코올 중독에 관한 정보, 알코올이 신체·정신적인 면에 주는 영향, 음주가 가정과 사회에 미치는 영향, 음주 폐해, 알코올 중독 치료 과정 등 음주에 관련된 책을 도서관에 비치하여 음주에 관한 지식을 제공한다. 음주에 대하여 습득한 바른 지식은 음주에 관한 태도의 변화를 가져오게 하고, 음주 문제를 예방할 수 있다. 좋은 음주 습관을 기를 수 있다. 그리고 도서관은 과음으로 인한 안전사고나 불미스런 성폭력 사고이 위험성을 알리는 특깅과 음주 교양 강연 및 정규교육과목[40] 강좌에 필요한 관련 참

---

[40] "주도(酒道), 이제 대학에서 배워요." 연세대가 이번 2학기 강좌 중 1학년을 대상으로 하는 교양선택과목으로 '술과 주조공장 견학'을 개설, 올바른 주도 전파에 나섰다. 3일 연세대에 따르면 주 1회의 이 강좌는 술에 대한 일반론을 중심으로 세미나 형식으로 진행한다. 대신 실제 주도 교육은 별도 모임을 통해 진행할 예정이다. 또 와인스쿨 등을 견학, 맥주·소주·양주·와인·전통주 등의 제조공정을 익힌다. 강좌를 담당하는 화학과 전무진 교수는 "갓 입학한 신입생들은 해방감에서 폭음에 탐닉할 뿐 술을 제대로 즐길 줄 모른다"며 "차를 마시면서 다도를 배우듯 술을 마시면서 주도를 배우면 술을 제대로 아는 기회가 될 것"이라고 말했다. 연세대 관계자는 "술 강좌는 우리 사회에서 중요한 위치를 차지하고 있는 술과 음주문화, 특히 과

고 자료를 비치·제공할 수 있다. 이러한 모든 과정은 대학생의 문제음주를 예방하거나, 조기에 발견하여 알코올 중독 치료로 유도할 수 있을 것이다.

모든 알코올 중독자들이 공통적으로 보이는 모습은 스스로 술 마시는 것을 통제하지 못하고 결과적으로 인생을 망치게 된다는 것이다. 이러한 알코올 중독의 신호를 인식하는 것은 문제를 예방하거나 문제를 조기에 발견하여 그것이 더 심각해지는 것을 미리 막을 수 있는 첫 단계가 된다. 알코올 중독자들은 자신의 상태와 자신이 처한 상황을 과소평가하고 싶어하고, 대체로 자발적으로 치료를 받으려 하지 않는 경향이 있다. 이러한 상황일 때 가까운 도서관에서 이런 정보를 찾아볼 수 있는 코너가 있다면, 나아가 근본적인 자신의 내면의 상처를 위안받을 수 있는 책이 가까이 있다면 서서히 빠져드는 알코올 중독으로부터 벗어날 수 있을 것이다. 또한 음주에 대한 정확한 지식을 습득할 수 있게 함으로써 "술만 마시지 않으면 양반이지," "이 정

음이나 주사(酒邪·술에 취해 하는 못된 버릇) 등 부작용에 대해 학문적으로 접근, 학생들이 술에 대한 올바른 가치관을 정립하도록 하는 게 목적"이라고 밝혔다. 연대는 강좌가 끝난 뒤 학생들의 호응도와 학습효과 등을 고려해 현재 10명인 수강정원을 내년부터 대폭 늘릴 방침이다. "酒道 대학서 가르친다," ≪문화일보≫, 2003년 3월 12일.

3장 대학생의 문제음주에 대한 독서치료의 개입

도로 무슨 알코올 중독" 하는 식으로 위안하고 넘어가는 그래서 치료가 어렵게 되는 과정을 밟지 않도록 도와줄 수 있다. 대부분 대학 입학 후 만들어지는 음주습관을 되돌아 보게 하는 과정일 수 있고 자신의 문제를 정확히 판단하는 데 도움을 줄 수 있을 것이다. 아래 신경정신 전문의와 대학도서관 사서의 생각에서 그 가능성을 엿볼 수 있다.

  알코올 의존의 잠재적 대상자인 대학생들을 위한 독서치료 프로그램은 매우 권장할 만하다고 생각합니다. 우리나라 음주문화는 매우 관대한 편이어서 이미 알코올 의존의 위험 수위에 도달했는 데도 전혀 인식을 하지 못하는 경우를 흔히 봅니다. 이런 경우 알코올 중독과 관련된 독서를 통하여 자신의 문제를 올바로 인식하는 것은 매우 의미 있는 일로 여겨집니다.[41]

  대학 내에서는 책을 읽는다는 행위가 보편화되어 있기 때문에 다른 관종에 비해 독서치료를 위한 환경이 갖추어져 있다고 생각합니다. 물론 우리 사회가 전반적으로 책을 읽지 않고, 책을 읽지 않는 대학생들이 많다는 현실이 있지만 상대적으로 유리한 입장이 된다고 봅니다. 충분히 의미 있고 광범위한 효과를 낼 수 있다고 생각합니다. 관건은 학생들에게 어떻게 음주 문제에 대해 도서관과 책에 접근게 하느냐는 적용의 문제라고 생각합니다. 이미 고등학교 과정을 거치면서 많은

---

[41] P의료원 신경정신과 전문의 Y박사와의 이메일 인터뷰, 2003년 5월 7일.

학생들이 부정적인 음주문화를 경험하고 술은 그렇게 마셔야 되는 것으로 생각하고 있는 상황에서, 어떻게 새로운 인식을 심어주고 실천할 수 있도록 도와주느냐 하는 문제는 쉽지 않을 것입니다. 큰 의미를 부여하지 않고 일상적으로 행동하는 부분에 대한 접근이기 때문에 더욱 그렇다고 생각합니다.[42]

'술은 거절할 수 있다'는 점이 독서를 통하여 인지됨으로써, '술은 누구나 마실 수 있는 것이며, 별로 문제되지 않는다'는 인식으로부터 술을 절제하는 마음가짐으로 변화시킬 수 있을 것이다. 음주에 관련된 지식 습득은 술에 대한 사회적 가치를 변화시킬 수 있다. 술을 통해서 친구나 단체가 결속된다는 생각은 건강하지 못한 사고라고 할 수 있다. 따라서 친구, 선배 등 대학생이 만날 수 있는 사회적 관계 속에서 술을 거절할 수 있는 권리가 보장되어야 하며, 상호 존중하는 주도문화가 정착되는 것이 바람직하다.

(2) 인간관계 훈련을 위한 독서

대학생의 문제음주 예방과 관련하여 인간관계 훈련이 필요하다. 즉, 학교 혹은 지역사회를 중심으로 대인관계를 잘하는 법, 갈등을 해소하는 법, 자기 의사를 주장하는 법,

---

[42] P대학교 도서관 사서 A와의 이메일 인터뷰, 2003년 5월 9일.

3장 대학생의 문제음주에 대한 독서치료의 개입

특히 술을 권할 때 거절하는 방법을 교육함으로써 가능한 한 술을 마시지 않도록, 마시더라도 좀더 적게 마시도록 유도하여 중독으로의 이행을 예방할 필요가 있다. 독서치료는 책을 읽음으로써 자신이 직면하고 있는 문제들을 이해하는 통찰력을 얻게 되고, 예방과 치료를 통해 건강한 정신건강을 유지하고 사회적응력을 정상적으로 키우도록 하는 치료법이다. 이처럼 독서는 정신질환의 치료만이 아니라 건전한 성격 형성과 가치관 정립에 큰 효과를 내고 있다.

　음주자는 대인관계에서 어려움을 느끼거나 부정적인 생각 혹은 감정적일 때 술을 먹게 된다. 이런 경우 인간관계 증진을 위한 다양한 사회적 기술을 습득하게 하고 활용할 수 있는 훈련을 하게 되면 이를 극복할 수 있다. 하지만 문제음주자들은 본인이 인간관계가 좋은 편이라고 생각하는 경우가 상당수 있다. 대개 친구들이 많고, 술 마시는 이유 역시 대인관계를 유지하기 위해서는 필요하다고 생각한다. 그래서 자신은 인간관계 훈련이 필요하지 않다고 생각하는 경우가 많기 때문에 치료의 어려움이 따른다. 이러한 생각들을 술을 마시지 않고도 대인관계를 잘할 수 있다는 믿음을 가지도록 바꾸는 훈련과 자신을 괴롭히는 상처를 다루고 자기관리를 할 수 있도록 돕는 훈련이 필요하다. 음주의 이유가 되는 상처를 이해하고, 증상과 유발요인, 대처기술을 익히는 과정을 요구하는 것이다. 술이 아닌 건전한 대처기제를 활용할 수 있다는 것을 인지할 수 있도록 구체적인 방법을 모색해주어야 한다.

마음의 상처를 치유하는 데 도움을 주는 책읽기를 부산대학교 김정근은 '성숙'을 위한 책읽기라고 ≪교수신문≫을 통하여 제시함으로써 책읽기에 대한 새로운 지평을 열었다. 좋은 인간이 되기 위한 제1의 독서영역, 능력 있는 사람이 되기 위한 책읽기인 제2의 독서영역, 그리고 제3의 독서영역을 '성숙'을 위한 책읽기라 하였다. 성숙을 위한 책읽기는 인간을 귀납적으로 이해하고 아픈 마음을 어루만지고, 상처를 치유하고, 장애를 뛰어넘게 해주는 책읽기를 의미한다. 그 내용을 일부 소개하면 아래와 같다.

"세계 책의 날(4. 23) 특별기고 — 제3의 독서영역"
디지털시대에 사람들은 무슨 목적으로 여전히 책을 읽는 것일까. 우선 좋은 인간이 되기 위한 훈련의 수단으로 전과 같이 책을 이용한다고 할 수 있다. 각성을 위한 책읽기, 성인의 말씀을 책에서 읽고 깨우침을 얻는 일 등이 여기에 속한다. 그래서 사람들은 불서, 사서삼경, 기독교 바이블을 읽는다. 도올 논어, 현각 스님 자서전, 오강남의 기독교 이야기가 서점에서 잘 팔리는 이유도 여기에 있다. 다음으로 사람들은

3장 대학생의 문제음주에 대한 독서치료의 개입

능력 있는 인간이 되기 위한 성취의 수단으로 여전히 책을 이용한다. 지식을 쌓는 책읽기가 여기에 속한다. 인문과학, 사회과학, 자연과학, 공학의 탐구를 위한 책읽기를 말한다. 사회적 관심이 온통 쏠려 있는 영역이다. 이 분야의 독서를 잘하면 사회적 진출이 쉽게 이루어지고 성공이 보장되기도 한다. 전통적으로 사람들은 주로 위의 두 영역에서 책읽기를 해왔으며, 그것은 디지털시대에도 마찬가지인 것 같다. 나는 여기에 더해 디지털시대 제3의 책읽기 영역이 부각될 필요가 있다고 생각한다. 독자의 요구와 독서 자원의 내용이 변해 있다고 하는 조건과 관련이 있다. 그것을 나는 '성숙'을 위한 책읽기라고 부른다. 말하자면 인간을 귀납적으로 이해하고, 아픈 마음을 어루만지고, 상처를 치유하고, 장애를 뛰어넘게 해주는 책읽기이다. 생산과 산업에 함몰된 인간형을 지양하고 정신복지형을 지향하며, 성취와 성공 지향의 인간형을 극복하고 행복한 인간형에 눈을 돌리는 책읽기이다. 지난 날 독자를 사로잡곤 하던 톨스토이의 인생론, 카네기의 처세술, 법정, 신영복, 김동길, 안병욱과 같은 저자들의 초월적이며 여역적인 교양주의와는 일정하게 구분이 되는 영역이다.

(≪교수신문≫, 2002년 4월 23일)

이론적으로 독서치료는 책과 독자의 자발적 상호 작용을 통하여 치료가 일어나는 것이다. 따라서 반드시 치료자의 개입이 있어야만 하는 것은 아니다. 독서치료라는 개념을 알지 못했지만 책을 통해서 자기를 치료한 사례는 얼마든지 찾아볼 수 있다. 책을 통하여 인간관계가 좋아진 사례로 가족의 정신 건강을 위한 모임인 신성회[43] 이영애 실장의 이야기를 들 수 있다. 그녀는 자신의 저서 『책읽기를 통한 치유』[44])에 책읽기를 통하여 자신의 분노를 조절하고 자존심을 향상시키거나 자기 자신에 대한 인식을 바꾸게 되는 과정, 남편 혹은 다른 가족간의 관계가 증진된 과정을 다음과 같이 이야기하고 있다.

> …… 그 즈음 나는 우울증과 협심증, 두통과 두드러기에 시달렸는데, 남편과의 갈등이 이런 물리적인 증상들을 불러일으켰다는 사실을 안 것은 폴 투르니에의 『인간 치유의 심리학』이라는 책을 읽고 나서였다. 그 후로 나는 투르니에의 책을 10여 권 정도 읽어나가면서 수많은 질병이 인간관계의 갈등과 분노나 불안 등 정서적인 문제 때문에 생긴다는 것을 알게 되었고, 이런 문제들의 근원을 파헤쳐보면 모든 사람의 삶이 재건될 수 있다는 믿음을 갖게 되었으며, 인간의 심리가 얼마나 미묘한 것인지 깨닫게 되었다. 그때부터 나는 남편의 '병'이 어떤 근원을 가지고 있는가에 관심을 가지기 시작했다.[45])
>
> …… 남편의 성장 과정을 알고 난 이후, 나는 지나칠 정도로 구원파에 빠져 날마다 새벽에 들어오는 데다가 생활비

---

43) 신성회는 가정생활과 정신건강에 도움이 될 3권의 책과 테이프를 3개월 단위로 우송하고 한 달에 한 번씩 독서그룹 모임을 갖는다. 전체 독서그룹은 기초반, 연구반, 전문반으로 나뉘어 있다. 이영애는 신성회의 상담정보실 실장을 맡아 1991년 이래 독서치유모임을 통해 파괴된 가정을 다시 세우는 일을 꾸준히 해오고 있다.
44) 이영애, 『책읽기를 통한 치유』, 홍성사, 2001.
45) 이영애, 앞의 책, 2001, 28쪽.

가 바닥나고 가정생활이 불가능할 정도로 사람들을 집에 데려오던 남편의 행동들을 이해하기 시작했다. 그리하여 '도대체 이 남자가 가정을 생각하는 사람인가'라는 깊은 불만에서 벗어나, '어릴 때 얼마나 사랑과 관심이 필요했으면 이런 행동을 통해서라도 얻으려 할까' 하고 오히려 긍휼히 여기며 이해하는 마음이 생겨났다. 또 지나친 낭비벽에 대해서도 한없이 반발하던 마음에서 벗어나 '그토록 가난해서 먹지 못하고 입지 못하며 자란 것이 이러한 보상심리로 나타나는구나' 하고 생각하게 되었다. 이렇게 남편의 개인사를 이해하고 용납하는 마음은 우리 사이의 갈등을 해결해나가는 출발점이 되어주었다. 또 한편으로 나는 투르니에의 『여성, 그대의 사명은』, 존 포웰의 『왜 사랑하기를 두려워하는가』와 『조건 없는 사랑』, 지그 지글러의 『정상에서 만납시다』라는 책을 읽으면서, 남편과의 관계에서 주눅들고 일그러진 자아상에서 조금씩 벗어나 여성으로서 나 자신을 존중하는 마음을 갖게 되었다. 특히 『여성, 그대의 사명은』은 남편에게도 중대한 변화를 일으키는 계기를 마련해주었다.46)

독서가 자아정체감 정립에 도움을 준다면, 청년기의 자아정체감 정립은 성인기의 역할 수행 및 행복한 삶을 위한 기반이 될 것이다.47) 독서치료는 특히 두려움과 죄책감, 혹은 수치심 때문에 토론되지 않을지도 모르는 문제에 관하여 이야기하도록 자극하는 면에서 탁월한 기술이다. 뒤늦

---

46) 이영애, 앞의 책, 2001, 29쪽.
47) 이희정, 「독서요법이 대학생의 자아정체감 정립에 미치는 효과 연구」, 석사학위논문, 충남대학교 대학원, 2001, 2쪽.

기는 했지만 자기의 감정을 솔직히 표현하는 자기 주장 훈련이 대학생들에게 필요한 것이다. 자기가 원하지 않는 것에 대한 집단적인 강요를 거부하는 일과 아닌 것에 대하여 "아니오"라고 대답할 수 있는 자각 과정에 독서가 힘이 될 수 있다. 음주를 거부하는 소수에 대한 인격적인 존중과 그런 거부 문화를 제대로 가꾸어나가는 일과 용기 있는 교양인 양성에 독서는 도움을 줄 것이다. 그리고 독서의 영향은 정서를 안정시켜주는 기능이 있으며, 독서행동을 통하여 내재하는 치료상의 효과를 갖는다. 독서를 통하여 자기를 이해하고, 사물을 객관적으로 통찰할 수 있는 능력과 태도를 길러 올바른 가치관을 정립시켜야 한다.

(3) 음주 대안활동으로서의 독서

음주를 대신할 활동으로 개인적으로는 일단 규칙적인 운동이나 레크리에이션을 통하여 신체적·정신적 스트레스를 해소하는 것이 바람직하다. 이러한 대안활동의 하나로 독서를 통한 건전한 생활습관을 기르는 것을 들 수 있다.

우리의 대학생들은 입시 위주의 교육풍토 속에서 성장기에 갖추어야 할 기본 소양들을 제대로 성숙시키지 못한 채 대학에 진학하였을 뿐만 아니라, 필수 교양서의 독서율 또한 저조하다.[48] 또한 올바른 독서 방법을 잘 모르는 경우가 허다하다. 인터넷, TV 등의 매체에 의한 단편적인 지식이 기형적으로 섭취되는 요즘의 상황은 고전이나 양서를 접할 기회마저 박탈하고 있다. 독서는 자기를 성찰하고 인생의 방향을 결정하는 데 도움을 준다. 디지털 시대에 책이 다시 주목 받고 있다. TV의 오락 프로그램에서 책과 도서관을 얘기하고, 공중파 세 방송국에서 독서 프로그램을 진행하고 있다. 독서의 중요성, 책의 의미가 입증되고 있는 것이다.

무엇보다 대학생 스스로 독서하는 습관을 길러가야 하며, 대학도서관은 대학생의 독서활동을 도울 수 있는 방안이나 프로그램을 개발할 필요가 있다. 독서 동기를 부여하고 독서환경을 조성해주고 독서목록을 만들어 배포하는 방법도 있을 것이다. 독서주간과 같은 이벤트와 행사를 정기적으로 마련하고, 사서에 의한 독서교육 및 독서지도를 하여 바람직한 독서문화를 정착시키는 것도 한 방법이다.

책은 인간의 심리나 정신에 작용하여 마음의 변화를 일으키도록 유도하여 상처받은 사람을 치유하는 능력이 있다.

---

[48] 조석주, 「일상을 통해 본 대학생의 정보요구」, 석사학위논문, 부산대학교 대학원, 2001, 101쪽

책을 통하여 자신의 문제를 객관적으로 이해하고 통찰할 수 있는 기회를 가지며, 이러한 과정을 통하여 자신의 새로운 면을 발견하고 변화할 수 있는 계기를 마련할 수 있다. 대학도서관이 독서치료를 통하여 개인의 가치관 정립과 일상에서 겪게 되는 다양한 문제를 해결하는 데 도움을 주고, 술로 치유하던 상처를 어루만져줄 수 있다. 이러한 독서환경 조성을 위하여 도서관은 학생들이 가고 싶어하는 친화적인 공간으로, 편안한 문화공간으로서의 환경적 변화를 고려하여야 할 것이고, 학교신문, 방송, 인터넷 게시판 등을 이용한 적극적인 홍보를 통하여 도서관의 독서활동을 알려야 한다.

4
독서치료 적용을 위한 대학도서관 서비스 방안

1. 대학도서관과 독서치료

　대학도서관은 대학사회의 핵심적인 지적 자료원으로서 내학의 교육과 연구활동을 돕는 봉사기관이다. 대학도서관의 기본적인 역할은 교육적인 것이다. 도서관은 학생들에게 지적 양식을, 교수들에게는 연구를 뒷받침하는 기관으로 학술연구와 교육에 뒷받침이 되는 모든 자료를 수집·관리·활용하여 교내 서비스센터·정보센터·연구조사기관으로서 기능을 갖고 있다.[49]

---

49) 김기태, 「대학교육과 도서관의 역할」, 《국회도서관보》 제163호 (1983. 3), 5-7쪽.

이러한 전통적인 대학도서관의 역할 이외에 사람들의 정신 보건과 관련하여 새로운 서비스의 창출이 모색될 필요가 있다. 미국의 정신분석학자 폴 케이(Paul Kay)[50]는 도서관이 지금까지 기여하고 있는 전통적인 봉사보다는 또 다른 차원에서의 봉사가 요구된다고 지적하였다.

우리나라 대학도서관은 지금까지 장서의 규모를 늘리고, 교수와 학습에 관련된 문제를 해결하는 데 급급해왔다. 대부분의 학생들에게 도서관은 공부방이자 책을 빌려주는 곳으로 인식되고 있으며, 도서관이 대학생의 정보 요구를 제대로 충족시키고 있다고 보기 어렵다. 사실 이 문제만으로도 숨이 찬 상황일 수 있다. 산재된 문제는 아직도 많고 넘어야 할 산도 많기 때문이다. 물론 대학도서관이 대학생이 당면하고 있는 모든 문제들 특히, 사회·환경적 요인으로 인해 야기되는 문제들까지 해결해줄 수는 없다. 하지만 지금까지 우리나라의 대학도서관이 장서의 규모를 크게 만들고 그것을 기반으로 하여 지식제공을 위한 서비스에 매달려왔다면, 이제 그와 더불어 장서의 예방적·치료적 측면의 힘을 빌어 독서치료를 대학의 구성원들에게 제공할 필

---

50) 이희정, 앞의 글, 2001, 1쪽.

4장 독서치료 적용을 위한 대학도서관 서비스 방안

요를 느끼게 된다.

앞에 살펴본 바와 같이 대학사회의 음주 문제는 심각하고 그 원인 역시 다양하다. 대학사회에서 대학생의 문제음주에 대한 심각성을 깨닫는 공통된 의식이 필요하다. 이러한 인식의 기반 위에 대학생의 문제음주를 예방하는 홍보·교육 프로그램을 개발하고, 음주예방교육을 운영하는 것이 요망된다. 이러한 작업이 관련되는 교내기관과 협조하여 다방면에서 지속적으로 이루어지면 그 효과는 증폭될 것이다. 이러한 일련의 작업 중 하나로 도서관이 독서치료 프로그램을 제공함으로써 문제음주자의 예방·치료를 도와줄 수 있다. 도서관장서, 사서의 자료 선별 능력, 참고 서비스 기술 등 그동안 축적된 도서관의 유·무형적 힘으로 충분히 가능하다.

새로운 도서관 서비스 방안으로 대학도서관이 독서치료 프로그램을 개발하고 적용하기에 앞서, 선행되어야 할 고려 사항들이 있을 것이다. 이에 현장의 사서들은 독서치료를 어떻게 생각하는지 대학도서관에 근무하는 사서들과 인터뷰를 하였다.

먼저 대학도서관 사서들의 독서치료에 대한 생각을 알아보았다. 독서치료에 대한 개인의 경험에 따라 독서치료에 대한 이해와 인지에 차이가 있음을 보여준다. 그리고 그러한 차이에 따라 긍정적이거나 부정적인 사고의 차이를 나타내고 있다.

독서치료라는 좋은 방안이 이제야 우리 도서관에서 거론되는 것이 아쉽습니다. 우리 사회 시민들의 모습을 고려해볼 때 늦은 감이 있고, 이제 도서관계에서 관심을 가지기 시작하는 것 같아 기대가 됩니다.[51]

몇 년 전만 해도 '독서치료'는 제게는 생경한 단어였습니다. 그러다가 '독서치료' 관련 수업을 통하여 책이 치유력이 있음을 체득할 수 있었고 독서치료에 대해 관심을 갖고 있습니다. 독서치료는 자신에 대해 긍정하는 마음을 가지게 하고 자아를 튼튼하게 할 수 있으므로 개인의 정신건강에 기여한다고 할 수 있습니다. 일상생활을 원만하게 하지 못하는 사람은 말할 것도 없고 겉으로는 별 문제가 없는 사람들도 내면에는 상처와 갈등과 혼란이 혼재해 있는 경우가 많습니다. 이러한 마음의 상처들은 일시적으로 묻어버린다고 해소되는 것이 아니므로 적절하게 풀어버려야 한다고 생각합니다. 독서를 통하여 자신의 아픔을 직시하고 그 아픔의 뿌리가 무엇인지 그 해결책은 무엇인지에 대한 통찰력을 가질 수 있습니다. 남에게 자신을 드러내는 데 익숙하지 못한 사람들도 도움을 받을 수 있는 독서치료는 다른 치료법에 비해 적은 비용으로 자신의 고민과 아픔을 치유할 수 있을 뿐만 아니라 다른 사람을 이해하고 배려하는 마음을 키워주고 인간적으로 성숙하

---

51) P대학교 도서관 사서 A와의 이메일 인터뷰, 2003년 5월 9일.

게 하는 치료법인 것 같습니다. 아직은 대부분의 사람들에게 독서치료는 생소한 단어이므로 많은 사람들이 공감하고 참여할 수 있는 장이 마련되어야 할 것 같습니다. 독서치료에 참여해본 사람은 독서의 치유력에 대한 확신을 가질 수 있습니다. 각종 문화행사를 많이 기획하는 공공도서관에서는 독서치료 프로그램을 만들어 지역주민들을 위한 새로운 서비스 모형을 개발해나가야 할 때라고 생각합니다.52)

제 경우 음악치료, 미술치료, 연극치료에 대해서는 몇 년 전부터 매스컴을 통하여 익히 들어왔지만 독서치료에 대해서는 작년에 어떤 후배를 통하여 알게 되었습니다. '독서치료'라는 용어 그대로 책을 어떤 질병치료의 도구로 활용한다는 의미 정도로 알고 있지 구체적인 실행방법에 대해서는 아는 바가 없습니다. 하지만 독서치료가 실제로 어느곳에서 얼마나 '치료'라는 목적으로 활용되고 있는지 또한 그 효과는 어느 정도 입증되었는지 궁금합니다.53)

독서치료라는 용어는 처음 들었고 문헌정보학과 커리큘럼에 들어 있는지도 몰랐습니다. 개인적으로 독서치료라는 용어에는 공감합니다. 우리가 어린 시절에 책을 많이 읽도록 하는 것은 책이 사람의 인격 형성에 많은 도움이 된다는 것을 나타낸다고 생각합니다. 이것을 잘 활용하면 치료에 많은 도움이 될 것이라고 생각됩니다. 사실 독서치료가 구체적으로 무엇인지 모릅니다.54)

---

52) P대학교 도서관 사서 B와의 이메일 인터뷰, 2003년 5월 9일.
53) P대학교 도서관 사서 C와의 이메일 인터뷰, 2003년 5월 9일.
54) P대학교 도서관 사서 D와의 이메일 인터뷰, 2003년 5월 30일.

대학생의 '문제음주'와 독서치료

독서치료는 최근 교육학 분야에서 많이 연구되고 있다는 사실 정도만 알고 있고, 가족치료, 음악치료, 미술치료 등과 같은 맥락에서 이해되기는 하지만 실제로 대중성이나 관심도, 인지도 부분에서 이들에 비해서 좀 떨어지는 것은 아닌가 하는 생각이 듭니다. 대학도서관의 기능과 역할이 어디까지 확대되어야 하는지? 의구심도 생기고…… 하지만 도서관과 사서가 앞으로 해야 될 일인 것도 같습니다.[55]

다음으로 대학도서관이 독서치료를 서비스의 하나로 수용하는 것을 어떻게 생각하는지 그들의 생각을 들어보았다. 이들의 생각에서 도서관이 독서치료를 진행하려면 우선 도서관 조직과 사서들이 독서치료에 대한 개념을 정립하여야 하고, 책과 도서관과 사서가 정신적 상처를 치유하는 데 도움을 줄 수 있다는 독서치료의 필요성에 대한 인식을 공유하는 것이 선행되어야 한다고 본다. 사서들의 재교육, 이용자에 대한 독서치료 홍보, 이론적 뒷받침, 독서치료 프로그램의 개발 등 독서치료를 도서관 봉사로 이끌기 위한 학계와 도서관의 노력이 뒤따라야 할 것으로 생각된다.

대학 내에서는 책을 읽는다는 행위가 보편화되어 있기 때문에 다른 관종에 비해 독서치료를 위한 환경이 갖추어져 있

---

55) P대학교 도서관 사서 E와의 이메일 인터뷰, 2003년 5월 30일.

4장 독서치료 적용을 위한 대학도서관 서비스 방안

다고 생각합니다. 물론 우리 사회가 전반적으로 책을 읽지 않고 책을 읽지 않는 대학생들이 많다는 현실이 있지만 상대적으로 유리한 입장이 되며, 충분히 의미 있고 광범위한 효과를 낼 수 있다고 생각합니다. 사람의 마음이 그렇게 많이 아픈가? 나는 정상이라고 생각하는데? 할 일도 많은데, 왜 도서관이 그런 분야에까지 관심을 가져야 하나? 등등 독서치료가 도서관에서 수용해야 할 영역이라는 인식을 하지 않는 것이 문제라고 생각합니다. 독서치료의 주체가 되어야 하는 입장에서의 인식 미비가 우선 문제가 되겠지요. 사서 개개인의 인식이 우선 문제가 되겠지만, 궁극적으로는 도서관이라는 조직이 독서치료에 대해 어떤 인식을 하고 구체적인 서비스 방안을 모색해내느냐 하는 문제가 가장 어렵다고 생각합니다. 그리고 독서치료대상자의 인식 또한 문제라고 생각하구요. 자신은 정상적이라고 생각하는 사람도 많고, 마음이 힘들다고 생각하는 사람도 그런 문제에 대해 쉽게 내색을 하지 않고 적극적인 치료를 받으려고 하지 않을 것 같습니다. 이용자들이 자연스럽게 접근할 수 있는 방안을 모색해내는 것이 중요하다고 생각합니다.[56]

개인적으로 독서치료는 대학도서관보다 공공도서관에서 상설 프로그램으로 개발하여 운영하는 것이 더 효과가 클 것 같습니다. 대학도서관에서는 서비스 대상이 한정되어 있고, 서비스 내용이 주로 학술적인 서비스 우선으로 이루어지므로 독서치료에 대한 효과와 필요성은 느끼면서도 현 인력과 구조상 독서치료 프로그램을 진행시키는 것이 실효를 거둘 수 있을지에 대한 확신은 없습니다. 먼저 대학도서관의 관리자가 독서치료에 대한 마인드가 있어야 '독서치료'를 새로운

---

56) P대학교 도서관 사서 A와의 이메일 인터뷰, 2003년 5월 9일.

서비스로 개발해나갈 수 있습니다. 그 전에 사서들간의 독서치료모임이 이루어져 독서치료에 대한 인식이 확대되어야 할 것입니다. 그리고 나서 학교 신문이나 홈페이지를 통하여 독서치료에 대한 이론적 배경이나 상황별 목록들을 제공하는 노력이 뒤따라야 할 것입니다. 그리고 현 상황에서 학생생활연구소에서 개인적으로 상담을 받거나 받고자 하는 학생들의 개인적 고충이나 정서적 장애, 상황에 맞는 도서들을 제공해 줄 수도 있습니다. 이를 위해서는 책의 서지정보뿐만 아니라 책의 내용, 치료적 효과에 대한 마인드와 식견을 가지고 있는 사서가 '독서치료'를 위한 작은 서비스를 먼저 실천하는 것도 좋은 방법일 것 같습니다.[57]

사실 '치료'라는 말을 떠올리면 신체적으로 어떤 결함이나 질병을 가지고 있을 때 그 해결을 도모하는 용어로서 즉각적으로 이 단어를 떠올리게 됩니다. 그런데 '독서치료를 대학도서관 현장에 적용한다'는 문제에 있어서, 먼저 어떤 증상에 대해 독서치료를 적용할 것인지의 문제가 궁금해집니다. 하지만 무엇보다 질문에 응하는 답변자로서, 독서치료에 대하여 그 치료의 방법론적 과정을 알지 못하기 때문에 솔직히 뭐라고 답변하기가 어렵습니다.[58]

독서치료를 펼치기에는 학문적 기반과 인식이 없는 듯합니다. 의사나 심리학자가 독서치료를 이야기하면 효과가 있을 것 같은 생각이 듭니다. 현재와 같은 상황으로 현장에서 활용하기는 어려울 것 같습니다. 외국과 같이 학부과정에서 다른 학문 분야(심리학, 의학 등)의 배경지식을 갖고 있다면

---

57) P대학교 도서관 사서 B와의 이메일 인터뷰, 2003년 5월 9일.
58) P대학교 도서관 사서 C와의 이메일 인터뷰, 2003년 5월 9일.

4장 독서치료 적용을 위한 대학도서관 서비스 방안

얘기는 달라지겠지요.[59]

이어 도서관이 독서치료를 적용하여 서비스하기 전에 풀어나가야 할 점이나 사서의 역할은 무엇이라고 생각하는지 그들의 생각을 들어보았다. 그들은 무엇보다도 도서관이 상황에 따른 독서치료 자료를 적극적으로 개발하여야 한다고 생각하고 있으며, 사서가 독서치료사로서 역할을 수행할 수 있는 프로그램을 개발하여야 한다고 하였다. 그리고 교내 구성원에게 새로운 도서관 서비스의 하나로 독서치료를 받을 수 있는 기회를 제공하여야 한다고 생각하고 있다.

독서치료의 도구가 되는 자료를 의도적이고 적극적으로 개발해나가는 것이 필요할 것입니다. 도서관의 독서치료 프로그램을 이용하지 않고도 개인적으로 치유 경험에 이를 수 있는 자료(self-help books)를 개발하고 해제를 붙여서 이용자에게 제공하여야 할 것입니다. 그리고 목록 제공에 그치지 않고 사서들간의 독서치료모임을 활성화하여 그 치유 경험을 바탕으로 독서치료 프로그램을 개발하는 등 이용자를 위한 더 나은 서비스를 지속적으로 개발해나가는 것이 필요하다고 생각합니다.[60]

---

[59] P대학교 도서관 사서 D와의 이메일 인터뷰, 2003년 5월 30일.
[60] P대학교 도서관 사서 B와의 이메일 인터뷰, 2003년 5월 9일.

독서치료라는 행위에 한정했을 때 먼저, 두 가지 관점에서 생각해보려고 합니다. 첫째, 우리 도서관 장서 구성을 먼저 파악하여 독서치료라는 행위에 적용할 수 있는 자료가 어떠한 영역에서 많은지를 조사하고, 그것을 적극적으로 활용한다는 측면에서 도서관 혹은 사서가 독서치료사로서의 역할 수행을 위한 프로그램을 적극적으로 개발하는 것입니다. 둘째, '독서치료'로서 해결할 수 있는 어떤 증상들을 도서관 이용자들이 나타내고 있는지를 파악하여 거기에 맞는 도서관과 사서의 역할 프로그램을 개발하는 것입니다. 이와 더불어 우선 도서관과 사서가 도서관의 이용자들이 본인이 알게 모르게 어떠한 '치료'를 받아야 할 증상들을 나타내고 있는지 이용자 스스로 자각할 수 있는 기회를 이용자들에게 제공하는 것이 먼저 선행되어야 하고, 그 다음 치료를 희망하는 이용자를 대상으로 도서관과 사서가 실질적인 치료사로서 '독서치료'라는 '처방'을 실행할 수 있는 체제를 갖추어야 할 것입니다.[61]

우리 사회에 만연한 마음의 상처와 아픔, 이상심리현상들을 올바르게 이해해서 누구에게나 적용될 수 있는 측면이라는 인식을 가지게 해야 한다고 생각합니다. 사회 전체가 인식하지 못하는 이상심리도 많고 독서치료가 그런 눈에 보이지 않는 다양한 증상에 탁월한 효과가 있다는 사실을 알릴 필요가 있습니다. 홍보는 홍보가 우선되는 것보다 구체적인 서비스를 진행하면서 동시에 진행하는 것이 효과가 있을 것으로 생각됩니다. 목록을 만드는 일에서부터 이용자 교육, 별도의 코너 설치 등은 좋은 방안이 될 수 있습니다. 결국 다양한 방법의 적극적인 홍보가 가장 중요하다고 생각합니다.[62]

---

61) P대학교 도서관 사서 C와의 이메일 인터뷰, 2003년 5월 9일.

4장 독서치료 적용을 위한 대학도서관 서비스 방안

사서는 다양한 이용자 분석을 통하여 적절한 자료 제공과 함께 상담자로서의 역할까지 해야 할 것이므로 사서 자신의 교육이 필요할 것 같습니다. 또한 독서치료가 친숙하게 와닿을 수 있는 재미있는 프로그램이 있으면 좋겠구요. 마음의 상처가 있거나 치료가 요구되는 사람뿐만 아니라 복잡 다양한 현대를 살아가는 모든 이에게 책을 가까이 함으로써 좀더 여유로운 마음과 평온한 맘을 유지할 수 있도록 하기 위한 생활 속의 독서치료 내지 독서의 시간들이 마련되었으면 합니다. 음악이 가미된 독서치료, 미술이 가미된 독서치료 등 복합적인 요소들로서 접근하는 방법은 없는지요?[63]

아직 우리 도서관 현장에서 독서치료에 대한 인식과 기반은 미약한 상태이다. 인터뷰를 시도한 사서의 일부는 독서치료에 대한 개인적 경험에 따라 책의 치유력을 인정하고 독서치료의 방안을 제시하기도 하였다. 반면 독서치료에 문외한인 사서는 오히려 독서치료에 대한 궁금증을 나타내기도 하였다. 현실적으로 현장에 적용가능한 방안을 모색하는 일에 회의적이면서 기반과 요건을 갖추어 독서치료를 펼쳐보기를 원하고 있었다. 독서치료가 도서관계에 새로운 봉사 영역으로 첫걸음을 내딛고 있는 현 단계에서 아래 소개되는 사서의 이야기는 시사하는 바가 크다. 우선

---

62) P대학교 도서관 사서 A와의 이메일 인터뷰, 2003년 5월 9일.
63) P대학교 도서관 사서 E와의 이메일 인터뷰, 2003년 5월 30일.

적으로 독서치료가 새로운 도서관 서비스 영역으로 적용될 수 있다는 인식 기반을 조성하고, 이를 토대로 실천가능한 것부터 서비스를 시작하여야 할 것이다. 대학도서관이 할 수 있는 다양한 프로그램을 개발하여 지속적인 서비스가 이루어지도록 하는 것이 바람직한 방향이 될 것이다.

    이 시점에서 사서가 주도하는 독서치료영역을 확보하지 못할 경우 각 대학교의 독서치료사과정, 독서지도사과정을 이수한 단기연수생들에게 주도권을 빼앗길 우려도 없지 않을 것 같습니다. 사서들의 개인적 교육과 훈련, 그리고 홍보로 사서가 주도하는 새로운 서비스로서의 독서치료가 정착할 수 있도록 학계와 도서관계에서 제도적 기반과 이론적 뒷받침을 위한 노력이 선행되어야 할 것입니다.[64]

2. 대학생의 문제음주와 독서치료 프로그램

독서치료는 치료자가 예방적·치료적 목적으로 대상자와 독서자료를 연결해주는 것으로, 독서치료의 삼대 요소를 독서치료대상자, 독서자료, 치료자로 나누고 있다. 도서관에서 대학생의 문제음주와 관련된 독서치료 프로그램을

---

64) P대학교 도서관 사서 B와의 이메일 인터뷰, 2003년 5월 9일.

4장 독서치료 적용을 위한 대학도서관 서비스 방안

만들기 위하여 이 세 가지 요소를 분석하고, 적용 가능한 구체적인 서비스 방안을 모색하였다.

1) 독서치료대상자

독서치료대상자는 크게 일반 대학생과 문제음주가능자, 문제음주자로 구분하여 분류할 수 있을 것이다.[65] 대학생 문제음주가능자는 음주 문제에 특별히 민감하다고 판단되는 집단으로 대학 신입생, 동아리 집단이 그 예가 될 수 있다. 문제음주자는 앞의 조사 결과에서도 나타나 있듯이 조사 대학생 전체의 1/3에 해당하는 음주자 집단이다. 문제음주자는 정도에 따라 부분적인 문제음주자와 중점 관리가 필요한 문제음주자로 나누어 접근할 수도 있다. 대상에 따라 각각 다른 독서치료 프로그램의 접근이 필요할 것이다. 이것은 문제음주 예방과 치료의 목적으로 나누어 선택할 수 있다. 일반 대학생, 문제음주가능자는 도서관이 의도적으로 마련한 서가의 책을 우연히 읽게 되는 것으로도 예방의 효과를 가져올 수 있을 것이다.

치료를 필요로 하는 문제음주자는 그 상태에 따라 대학

---

65) 천성수 외, 앞의 책, 2002, 38쪽.

내 보건소나 대학문화원 등 타기관과의 연계된 프로그램으로 다가가야 할 것이다. 보건의, 상담원과의 협력하에 팀을 이루어 시행해봄직하다. 하지만 독서치료대상자를 선별하는 일과 참여시키는 일은 어려운 작업일 것이다. 자신에게 음주로 인한 문제가 있다는 것을 드러내는 음주자는 드물기 때문이다. 우선 자발적으로 상담기관을 방문하는 문제음주자를 대상으로 독서치료 프로그램을 시도하여 보는 것이 쉽게 접근하는 하나의 방법이 될 것이다.

다음 단계로 음주 관련 문제의 정도와 상황에 따라 개인을 대상으로 할 것인지, 그룹으로 구성하여 할 것인지 선택하여야 할 것이다. 즉 개인독서치료와 그룹독서치료로 나누어 시행하는 방법을 찾을 수 있다.

(1) 개인독서치료

개인 면담을 통한 독서치료는 가장 일반적으로 행하는 개별적 치료 과정에서 책을 읽도록 하는 방식으로, 대상자와 치료자 간의 친화감 형성이 기본적인 조건이 된다. 집단을 두려워하는 음주자나 집단 내에서 자기 비밀의 노출을 원하지 않는 음주자를 대상으로 시행하면 좋을 것이다. 대상자와 치료자 사이의 토론을 독후감이나 편지 등 기록된 문서를 통한 의사소통으로 대신할 수도 있다. 이 방식은 대상자의 언어 표현 능력과 치료자의 이해 능력을 담보로 한다. 대상자의 생각을 거리낌없이 말할 수 있다는 장점이 있다.

(2) 그룹독서치료

그룹독서치료는 문제 경험이 같은 대상자들이 그룹을 이루어 치료자와 함께 대화를 나누며 자신들의 문제를 집단 내에서 다루어 해결점을 찾아가게 된다. 문제가 같은 대상자들이 함께 함으로써 동료라는 유대감을 갖게 되어 자아인식을 증대시킬 수 있다고 한다. 그룹 과정과 독서, 토론, 책의 내용을 주고받는 것이 무엇보다 중요하다. 그룹 내에서 그리고 책 속에서 인간관계 자체가 배움의 도구가 되어 자신의 문제점을 깨닫고, 개인적인 차이점, 행동에 미치게 되는 감정, 타인의 가치 등을 배우게 된다. 특히 독서 후의 토론은 자신의 감상을 이야기하고 타인의 감상을 듣는 것으로 이해의 깊이를 더해준다. 병원에서 이루어지는 알코올 중독 치료 프로그램도 그룹 형태로 많이 이루어지며, 집단 치료에서부터 강의, 시청각 교육, 주제 토론 등 그 내용은 다양하다. 이러한 전문적인 프로그램을 참고하여 응용해보는 것도 독서치료 프로그램을 만드는 데 도움이 될 것이다.

그룹독서치료를 진행하는 과정은 일률적이라기보다는 시행환경, 치료자, 치료의 목적 등에 따라 달라지게 된다. 독서치료팀을 이루어 경영하는 경우와 치료자 혼자서 하게 되는 경우로 나누어볼 수 있다. 그리고 책을 읽어오는 방법은 대상자가 모임에 오기 전에 읽어오도록 하는 방법, 치료자가 낭독하고 모인 사람은 듣기만 하는 방법, 또는 대상자들에게 돌려가며 낭독시키는 방법도 있다. 그룹의 최적 인원수는 6~12명 정도이며, 이상적인 소요시간은 1시간에서 1시간 30분 정도이다. 그룹독서치료의 예는 다음과 같다.

① 독서회

독서지도를 하는 집단적 지도방법의 하나로 정기적으로 모여 일정한 책을 중심으로 독서활동을 행하는 것이다. 책을 각자 읽어와서 함께 토론하는 과정을 거치게 된다. 이 방식의 장점은 독서의 동기부여가 쉽고 자연스럽게 정독하게 된다는 점, 그리고 가장 중요한 것은 읽은 후에 토론으로 이해를 깊이 할 수 있게 된다는 점이다. 특히 타인의 의견을 듣는 것으로 자신의 문제를 인식하고, 견해를 수정하거나 명확하게 하여 문제를 해결하게 된다는 것이다.

② 독서서클

자주적으로 독서활동을 하는 그룹활동으로 독서서클의 운영은 구성원의 자치능력에 따라서 민주적으로 행해지며 책의 처방도 어느 정도 그들이 희망하는 도서 가운데서 선정하도록 하고 치료자가 거기에 조언을 해준다. 치료자 모두가 반드시 같은 책을 읽을 필요는 없으며 각자가 읽을 것을 발표하고 그것에 대해 토론하는 것이 좋다.

③ 팀에 의한 독서치료

독서치료의 효과를 이상적으로 달성하기 위하여 치료자의 환경과 상황에 맞게 정신과의사, 카운셀러, 사서 등으로 팀을 구성하여 팀 리더의 지휘하에 독서치료를 실시하는 방법이다. 이 치료를 실시하는 데는 광범위한 지식이나 전문적인 기술을 필요로 한다.

2) 독서자료

독서치료과정에서 중요한 것은 치료자와 독서자료와의 상호 작용이므로 자료의 종류와 형태, 선정 원칙은 큰 의미를 지닌다. 독서치료를 위한 도서의 선정을 위해서 사서들은 일반적인 독서지도를 위한 경우보다 더욱 심층적·분석적인 독서를 해야 한다. 상황별 문제는 다양한 데 비하여 각 상황의 주제를 다루고 있는 도서들은 한정되어 있으므로, 도서 선정에 주의를 기울여야 할 것이다. 특정한 상황의 사람에게 치료효과가 있는 책이 그와 동일한 상황의 다른 사람에게도 똑같은 효과가 있다고 할 수 없고, 어떤 책이라도 상황과 문제해결 과정이 있으면 독서치료에 효과적으로 사용될 가능성은 있다고 본다. 지금까지 독서치료용으로 가장 적합한 독서자료는 문학작품과 전기서로 보고 있다. 문학작품과 전기서는 인간의 심리상태와 감정 등을 잘 묘사하고 있어 누구나 흥미를 가지고 접근할 수 있는 독서자료이다. 최근에는 문학작품과 전기서 외에 새로운 자가치유서(self-help books)로 논픽션(non-fiction) 자료들이 관심을 끌고 있다.

(1) 독서자료의 선정 원칙

독서치료용 자료는 음주자가 가진 요인을 분석하여 알맞은 자료를 제시해주어야 한다. 문제음주자라 하더라도 음주문제 이외에 다른 상처가 있을 수 있고, 이러한 문제 상황에 맞는 독서자료를 제시하여야 치유에 도움이 될 것이다. 또한

4장 독서치료 적용을 위한 대학도서관 서비스 방안

대학생의 음주와 관련하여 치료대상자별로 세분하여 적합한 자료를 개발하는 일을 병행하면 좋을 것이다.

독서자료를 선정할 때 고려하여야 할 사항을 다음과 같이 들 수 있다.[66] 첫째, 치료자 자신이 익숙한 자료만 사용한다. 둘째, 시, 짧은 이야기, 짧은 희곡, 긴 내용의 책 중 간단한 단원 등 간단한 작품이 다루기에 좋고 읽고 회상하는 데도 좋을 뿐만 아니라 읽는 시간을 적게 차지한다. 셋째, 대상자의 문제를 고려하되 그 문제와 일치할 필요는 없으나 적용될 수 있는 자료를 선정한다. 넷째, 대상자의 독서능력을 평가하고 그에게 적합한 자료를 선정한다. 다섯째, 대상자의 생활연령과 정신연령을 고려하여 선정한다. 여섯째, 지금까지 읽어온 책과 흥미를 고려하여 선정한다. 이 외에도 대상자의 요구나 문제에 적합한 현실적인 접근방법, 납득할 만한 해결방법, 호감을 주는 등장인물이 있을 것, 그림, 활자의 크기가 적당할 것 등이 있다.

음주자의 대부분은 자기의 상황을 숨기고, 음주 문제를 부정하기 때문에 치료가 어렵고 재발되기 쉽다고 한다. 적절하게 선정된 책은 자신과 타인, 알코올, 문제상황에 대한

---

[66] Rhea J. Rubin, *Using Bibliotherapy: A Guide to Theory and Practice*, AZ: Oryx Press, p.78.

인식을 객관적으로 변화시키고, 알코올을 사용하지 않고 문제를 해결할 수 있는 능력을 기르는 데 도움을 줄 수 있을 것이다.

(2) 독서자료의 형태

독서치료용 자료는 크게 인쇄자료와 시청각자료로 나눌 수 있다. 인쇄자료의 장점은 시청각자료보다 상상을 많이 하게 하고, 회상하여 분석할 여유를 주고, 안정적인 분위기를 주게 된다는 데 있다. 이에 반해 시청각자료는 인식하는 데 책보다 빠르며 훨씬 더 자극적이고, 책보다 사실적이라는 점이다.

알코올 중독 센터의 환자들이 흔히 선호하는 프로그램 중 하나가 시청각교육 프로그램이다.[67] 시청각교육(audio-visual education)은 비디오 테이프를 비롯한 현실감 있는 영상자료를 통하여 알코올 중독으로 인한 신체적·사회적 영향을 분석한 정보를 제시하여 알코올 중독의 심각성을 확인하게 한다. 알코올 중독자를 주인공으로 한 영화와 드라마를 통해 자신이 음주에 집착했던 마음, 취중 저지른 실수와 난폭한

---

[67] 유호인, 『알코올 중독 치료의 길잡이』, 은혜병원 알코올치료센터, 2000, 137쪽.

행동 등 자신의 부정적인 모습과 가족이 겪게 되는 문제 상황을 객관적으로 재조명하고 반성하는 기회를 가질 수 있는 시간으로 효과적인 프로그램으로 나타나 있다.

시청각자료의 이용이 점차 확대되고 도서관이 미디어센터로서의 역할을 감당하고 있는데 독서자료를 도서에 한정시키는 것은 바람직하지 않을 것이다. 하지만 시청각자료는 책을 읽음으로써 치료자들이 체험할 수 있는 상상의 세계를 제한하고, 독서 과정 동안에 이루어지는 독자와 책 사이의 상호 작용이 제대로 이루어지지 못하는 약점이 있다. 그러므로 독서치료를 위한 자료목록은 인쇄자료 이외에 시청각자료, 비책자자료 등의 매체를 포함시키되, 적절한 수준으로 병행하여 예방과 치료기 이루어질 수 있도록 고려하는 것이 바람직할 것이다.

3) 치료자

독서치료에는 책과 독자 사이의 자발적인 교감에 의한 자가치유적인 독서치료 분야가 있고, 책의 선정과 독서치료 진행과정 전체를 통해서 치료자의 전문적인 리더십이 강조되는 분야도 있다. 대학생의 문제음주에 있어 일반 대학생과 문제음주가능자에 대한 독서치료는 전자의 경우가 될 것이며, 문제음주자의 독서치료과정은 후자의 경우가 해당될 것이다. 개발된 독서자료목록을 제공 받아야 하는 점에서 두 경우 모두 독서자료개발에 책임을 질 수 있는 치료자의 개입이 전제가 되어야 한다. 어려운 문제에 봉착했을 때 만난 책 한 권이 한 사람의 운명을 바꿀 수도 있다. 그러므로 독서치료용 독서자료를 개발하는 일은 독서치료과정의 성공과 실패를 좌우할 만큼 중요한 일이다. 치료자가 갖추어야 할 조건 중의 하나는 그 사람이 당면하고 있는 문제에 적절한 문헌을 선별하는 기술을 가져야 하는 것이다. 그리고 치료자의 자질은 전문적인 배경보다 인간에 대한 배려와 따뜻함을 가지고 있으며, 치료자와 의사소통을 원만히 할 수 있는 능력을 갖추는 것이 바람직하다. 심리학, 상담학, 인간관계 등의 분야에 대한 지식이 요구되는 것도 이 때문이다.

 독서치료자로서 사서가 대학생의 문제음주 치료 프로그램을 지원하게 되는 경우 문제음주자의 심리·사회적인 관점에서, 문제음주자의 환경, 가족 속에서 문제음주자의 역할, 음주의 의미 등에 관심을 가짐으로써 문제음주 치료 프로그램이 구체화될 수 있을 것이다.

4) 독서치료 서비스 방안

대학도서관이 대학생의 문제음주와 관련하여 시도할 수 있는 독서치료 서비스 방안을 제시하면 다음과 같다.

(1) 관련 코너 만들기

기본적인 독서치료 서비스로 대학도서관에 관련 코너를 만들고 독서목록을 배포하는 일을 들 수 있다.

독서치료는 우리나라 문헌정보학계에서 최근 새롭게 주목 받고 있는 분야로, 도서관은 독서치료를 위한 첫걸음을 내딛고 있는 단계라고 할 수 있다. 독서치료의 유용성을 인정하면서도 현장에서 적용하기에 아직 어려움이 많다. 이런 가운데 실제 공공도서관에서 관련 코너를 만들어 운영하고 있는 사례가 있어 소개한다.

경남 창녕도서관은 2002년 4월 제38회 도서관 주간에 『마음을 치유하는 책들 모음』이란 독서목록을 발간하고, 마음을 치유하는 책 코너를 안내 데스크 옆에 만들어 운영하였다.[68] 그 해 9월에 『마음을 움직이는 책들 모음』이란

---

[68] 창녕도서관의 조명숙 관장은 2001년 부산대학교 교육대학원에서 김정근 교수의 수업을 통해 독서치료를 접하게 되었다. 그녀는 그때 배운 경험들이 단지 교실 안의 이야기로 끝나지 않게 하려고 나름대

대학생의 '문제음주'와 독서치료

두번째 목록집을 발간하였고, 2003년 4월 제39회 도서관주간에 『함께하는 도서관』이란 책자를 발간하면서 "이런 상황에는 이런 책으로!!"란 상황별 독서목록을 싣고 있다. 관련 코너는 경험을 살려 계속 운영중이다. 창녕도서관의 상황별 독서 코너 운영은 독서치료가 도서관의 새로운 서비스로 성립할 수 있음을 보여준다. 창녕도서관장의 경험을 들어보자.

처음 목록집을 발간·배포하고 별도의 관련 코너를 만들어 운영하여보니, 코너의 위치가 중요한 것 같았어요. 안내

로 적용방안을 고심하던 끝에 이번 일을 기획하게 되었다고 한다. 그때의 이야기를 들어보자. "작년 지식자원관리론 수업 때 배운 이론들을 나름대로 현장에 적용해보려고 지난 '도서관 주간' 때 『마음을 치유하는 책들 모음』이라는 관련 도서목록집을 발간하게 되었어요. 지금 생각해보면 무식한 사람이 용감하다고 좀 과감하지 않았나 하는 부끄러움도 들어요. 그래서 이번 '독서의 달'에는 『마음을 움직이는 책들』이란 제목으로 내용을 좀더 보강해서 발간할 예정이에요. 그리고 목록집에 실은 책과 지난 해 학기논고를 참고해서 선별한 책들로 별도의 코너도 만들었어요. 이용자들이 서가에 빽빽하게 꽂혀 있는 책보다는 별도로 만들어진 코너를 더 자주 이용한다는 사실에 주목한 것이죠. 어머니 독서회를 통해 점차적으로 홍보도 하고 있습니다. 하지만 예산이나 담당사서의 의식에 따라 그 분야가 활성화되느냐 못 되느냐가 좌우되는 것 같아요. 대부분의 이용자들은 새책, 신간을 좋아하기 때문에 계속적으로 자료를 개발해서 그들의 요구를 충족시켜줘야 하거든요. 그런데 그러지 못하는 것이 아쉬워요. 하지만 이런 노력들을 지역주민들에게 계속 홍보해나가다 보면 많은 효과를 기대할 수 있으리라고 믿어요." 송영임, 앞의 글, 66-67쪽.

데스크 옆에 위치하고 있어 오가면서 거쳐 지나가야 하는 곳이라 관심이 없던 이용자도 "여기는 좋은 책만 꽂혀 있네"라거나 혹은 무심히 다른 서가의 필요한 책을 가져가다 이 코너를 보고 한두 권씩 뽑아 같이 대출하는 이용자도 있어요. 관심을 끌 수 있는 곳이어야 한다고 생각합니다. 마음의 상처를 들여다보고 움직이고 치유하는 책들 모음으로 마음의 상처에 대한 코너 특성을 살린 별도의 장서구성이라 그런지 활용도도 높고, 읽고 나서의 반응도 좋습니다. 홍보도 잘되고 있구요. 하지만 계속적으로 자료를 개발하여 이용자의 요구와 관심에 부응해야 하는데 공공도서관의 한정된 예산으로 인하여 신간 구입이 늦고 충족시킬 수 없어 아쉬움을 가집니다. 또한 사서들도 계속 관심을 가지고 신간을 직접 읽고 신간 목록을 하나둘 늘려가야 하는데 시간이 없어 부족함을 많이 느낍니다.[69]

또 다른 사례로 울산 남부도서관의 활동을 들 수 있다. 울산 남부도서관은 2003년 제39회 도서관 주간(4. 12~18)에 『마음 아픈 이들을 위한 자가치유 도서목록』을 발간·배포하였다. 남부도서관에 소장된 도서를 중심으로 하여 260종 332권의 책을 소개하는 독서목록집은 '마음의 상처를 이해하는 책'(78종)과 '마음의 상처를 치료하는 책'(180종)으로 구분하여 만들었다. 목록에 실린 책을 모아 종합자료실

---

[69] 경남 창녕도서관 조명숙 관장과의 전화 인터뷰, 2003년 5월 2일 12:10-12:25.

에 별도의 코너를 마련하였고 도서관을 찾는 시민들이 자유롭게 이용할 수 있도록 하였다. 울산 남부도서관 이태진 관장은 지역신문과의 인터뷰에서 "개인의 성숙과 행복이 지역사회의 건강한 발전으로 이어질 수 있기를 바라며, 개인의 상한 마음을 위로하고 치료하는 책을 지속적으로 선정하여 추가·비치할 예정"70)이라고 하였다. 이와 같은 일은 남부도서관의 사서들을 중심으로 독서치료 프로그램 신설운영을 위한 사서연수모임의 결과로 이루어진 것으로, 이 모임에 사서들이 자발적으로 참여하여 1주에 1권씩 독서치료 관련 책들을 읽고 토론하고 있다. 사서들의 자발적인 독서치료모임에서 책을 직접 읽고 독서목록을 개발하였고, 관련 코너를 만들어 이용자에 서비스하고 있다는 데 큰 의미를 찾을 수 있다. 이러한 사례는 앞으로 도서관에서의 독서치료 프로그램 개발에 영향을 줄 것으로 기대된다. 사서들이 도서관에서 관련 코너를 만들어 운영한 경험을 들어본다.

---

70) "아픈 마음 책으로 달래보자," 《경상일보》 2003년 4월 16일; "'독서치료'서적 인기: 남부도서관, 도서목록 배부," 《울산매일》 2003년 4월 16일; "독서로 마음 다스린다," 《한울일보》 2003년 4월 16일.

처음에 관련 코너를 마련하였을 때 워낙 이런 코너 자체가 생소하고 목록 타이틀이 어려워서인지 접근을 잘 안하는 것 같았어요. 직원과 너무 가까이 마련된 코너도 염려스러워서 의논 후 관련 코너의 위치를 옮겼습니다. 그 후 서성이기만 하던 이용자가 구체적으로 다가서게 되고 따라서 이용자의 호응도와 이용이 점점 높아집니다. 이용자의 관심도 그 이전에 도서관에서 만든 권장도서목록과는 다르게 나타남을 느끼며, 우연히 들른 교회 목사님은 이런 코너가 진작 도서관에 필요했다고, 잘했다고 하시고 이 코너로 인해 도서관이 새롭게 느껴진다는 얘기도 해주시고 하니까 보람을 느낍니다. 도서관 주간 행사로 가진 『마음의 평화를 가져라』[71]의 저자 윤경일 신경정신과 전문의 초청특강을 통해 이 코너가 더 알려졌고, 특강 후 책을 빌려가는 사람도 있었고 반응이 좋았습니다. 개발한 독서목록과 관련 코너를 어떻게 알릴 것인가 하는 홍보방안을 잘 세워서 실천하는 일도 중요한 것 같습니다.[72]

이용자들은 일단 쉬운 책부터 보는 것 같습니다. 이 코너의 책늘 중 학지사에서 나온 이상심리학 시리즈, 프로이트의 정신분석 관련 책, 『따귀 맞은 영혼』 같은 책을 많이 보구요. 아무래도 공공도서관인 만큼 이 코너의 대출 통계도 성인여자의 대출이 높습니다. 전체 대출권수 398권(2003년 3월 19일~5월 9일 사이 통계)의 약 63% 정도를 차지하고 있습니다. 주제별로는 다양하게 대출이 됩니다. 정신분석 관련 문학류를 선호하는데 출판 자체가 많지 않구요. 도서관 서가에 꽂혀 있을 때는 별로 이용이 안 됐던 책들이 이 코너에서 대출

---

71) 윤경일, 『마음의 평화를 가져라』, 고요아침, 2002.
72) 울산 남부도서관 김미숙 사서와의 전화 인터뷰, 2003년 5월 10일 13:30-13:40.

이 되고 있어 보람이 있습니다. 솔직히 도서관 주간 행사를 마치고 난 지금은 이후의 프로그램에 대한 고민이 많습니다. 성인용뿐만 아니라 청소년, 어린이용 독서목록도 개발하여야 겠고 이용자의 관심을 유지시키는 것도 관건이겠지요. 지금 계획은 9월 독서의 달에 독서목록을 보완하여 발행할 예정이고, 올해 말 평가회를 가져 검토하고자 합니다.[73]

이와 같은 공공도서관의 관련 코너 운영 사례처럼 대학도서관에서 대학생의 음주 문제와 관련하여 의학도서관에 관련 코너를 만들거나 중앙도서관의 한 코너에 상시코너를 마련하는 방안을 생각해볼 수 있다. 관련된 주제를 모아 자료를 배열한 별도의 코너를 마련함으로써 이용자의 눈길을 끌 수 있고 관심을 가져올 수 있다. 또한 음주에 대한 필요한 정보를 쉽고 정확하게 습득할 수 있게 도와줄 것이다. 남에게 털어놓을 수 없는 음주에 대한 자신만의 고민을 관련 코너를 통해 혼자 해결할 수도 있어 알코올 중독의 예방 효과가 있을 것이다.

그러나 대학도서관에서 한 주제로 관련 코너를 만들기란 쉽지 않을 것이다. 자료 구입을 위한 별도의 예산지원이 있어야 하고, 배열된 서가에서 자료를 뽑아 별도의 서가를

---

[73] 울산 남부도서관 김순화 열람팀장과의 전화 인터뷰, 2003년 5월 10일 13:05-13:30.

꾸미는 것이 규모가 큰 대학도서관에서는 오히려 이용에 혼란을 줄 수도 있고 관리 면에서 불편할 수 있다. 관련 코너를 만들기가 어렵다면 이벤트 성격을 띤 행사로 별도 코너를 운영하는 방안도 고려해볼 수 있다. 매년 3월 대학 신입생을 위한 오리엔테이션 기간에 음주예방코너를 만들어 홍보할 수 있고, 학기가 시작되고 음주에 많이 노출되는 3월과 9월에 한시적으로 음주예방코너를 만들어 운영할 수 있다. 또한 축제기간을 이용하여 학내 음주 예방 프로그램과 연계하여 별도의 코너를 꾸미고, 음주 관련 독서목록을 알리는 것도 한 방안이 될 것이다.

(2) 독서목록 개발

먼저, 독서목록을 개발하여 배포한 울산 남부도서관의 경험을 통하여 개발과정을 살펴보고, 대학생의 음주 문제와 관련된 독서목록 개발을 논하고자 한다.

사서연수모임을 통해 참여한 사서들은 먼저 독서치료의 개념을 이해하기 위하여 노력하였고 도서관에 독서치료가 왜 필요한가 하는 고민을 같이 하였습니다. 일단 2003년 도서관 주간에 맞추어 독서목록을 개발하는 것을 목표로 잡고 해보기로 하였지요. 처음에는 정신의학 상황별로 주제를 세분하여 영역을 나누어보려고 하였는데 상황에 맞게 떨어지는 책 보다 책 안에 여러 상황이 같이 전개된 책들이 많았습니다. 그래서 정신의학 관련 책을 모아 『마음의 상처를 이해하는 책』이란 타이틀을 붙이고, 치료나 치유에 관련된 책을 모아 『마음의 상처를 치료하는 책』이란 타이틀로 모으게 되었습니다. "처음부터 내용과 목록이 완전하게 될 것이라고 생각하지 말고 내용을 참고할 자료를 중심으로 만들어보자"라고 의논되었고, 이 목록은 늘 보완중입니다. 읽고 선정하고 보완하고 목록 체크하는 작업이 이루어지고 있지요. 목록의 선정 과정은 도서관에 소장중인 자료에서 부산대학교 문헌정보학과의 학기논고집, 김정근 교수님의 독서치료 강좌의 독서치료 자료목록을 참고하여 선정하고, 도서관 검색 시스템에서 마음, 상처, 치유, 명상과 같은 키워드로 검색되는 자료와 사서들이 서가에 분류번호로 접근하여 직접 뽑아냈습니다. 이렇게 선정된 자료는 너무 오래된 자료는 빼고 도서관에 없는 자료는 구입하는 등의 검토 과정을 거쳐 목록화된 것입니다. 선정 작업에 참여한 사서들도 먼저 독서치료의 개념을 잡고 시작된 작업이라 그런지 이전에 권장도서목록을 만들 때와는 느낌이 틀리다는 반응이었습니다. 하지만 역시 자료를 선정하는 작업이 모든 작업 중 가장 어려웠다고 하였고, 모든 책의 내용을 파악할 수 없는 한계는 느끼고 있습니다.[74]

독서치료를 위한 독서목록을 개발하기 전에 어떻게 상황을 설정할 것인가[75]를 먼저 결정하여야 한다. 독서치료

---

74) 울산 남부도서관 김순화 열람팀장과의 전화 인터뷰, 2003년 5월 10일 13:05-13:30.
75) 알코올 중독은 독서치료를 적용할 수 있는 상황으로 분류되어 있

4장 독서치료 적용을 위한 대학도서관 서비스 방안

용 독서목록을 만들려면 우선 대상자들과 그들이 처해 있는 상황에 대한 연구가 우선적으로 이루어져야 한다. 그런 의미에서 독서치료용 독서목록은 선정 독서목록이라기보다는 상황별 독서목록이어야 한다.76) 대학도서관에서 대학생의 음주 문제와 관련하여 독서목록을 개발할 때는 문제음주의 예방과 치료라는 상황에 초점이 맞추어져야 한다. 독서치료의 장점 가운데 하나는 상담자가 개입하지 않고 독자가 적절한 책을 만나서 스스로 읽고 상호 작용하는 가운데 치료가 일어날 수 있다는 것이다. 책을 읽음으로써 새로운 사실을 알게 되는 것처럼 책은 인간의 심리나 정신에 작

음을 다음의 문헌에서 확인할 수 있다. *Classroom Teacher's Manual for Bibliotherapy*, Unpublished manuscript. Wayne, Indiana: Benet Learning Center, 1978에서는 외모(체격, 장애, 성장 및 발달), 감정 및 성격(수줍음, 자아 개념, 남을 돌보기, 행동, 책임, 거짓말, 두려움, 협동, 우정, 죽음), 가족 관계(가정 내 문제, 별거와 이혼, 세대차, 사랑과 관심) 및 사회·경제적 문제(인종 및 민족 관계, 전쟁과 평화, 이사, 부적응, 마약과 알코올) 등의 주제를 포함하고 있다. 한편, 1993년 John Pardeck은 *Using Bibliotherapy in Clinical Practice*, Westport, Conn.: Greenwood Press, 1993이라는 그의 저서에 약물중독, 변화와 대응, 폭력적인 가정과 역기능가정, 부모역할, 개인 성장, 심각한 질병, 사회 관계, 그리고 이혼과 복합가정으로 나누고 있다. 그리고 1998년 John Pardeck, *Using Books in Clinical Social Work Practice: A Guide to Bibliotherapy*, Binghamton, NY: The Haworth Press, 1998에서는 이혼과 재혼, 역기능가정, 부모역할, 자기개발, 심각한 질병, 약물의존장애로 나누고 있다.

76) 한윤옥, 앞의 글, 2003, 6쪽.

용하여 마음의 변화를 일으키도록 유도하여 상처받은 사람을 치유할 수 있는 능력이 있다. 음주와 관련하여 개발된 독서목록은 대학생의 알코올 오·남용에 관련된 문제를 본인 스스로 깨닫게 하고 음주에 관련된 정확한 지식을 습득하게 함으로써 음주 문제에서 빠져나오게 할 수 있을 것이다.

하지만 독서치료용 독서목록을 개발하는 일은 사서에게 부담스러운 과제로 남아 있다. 현실적으로 알코올 관련 단체 및 관련 사이트, 전문적인 알코올 중독 치료 센터의 정보를 참고하여 활용하는 방안을 모색할 수 있다. AA[77]한국연합단체, 건강길라잡이, 보건복지부, 알코올중독정보센터(KISA), 한국대학생알코올문제예방협회(한국바커스), 한국음주문화연구센터와 같은 알코올 관련 사이트의 정보를 참조

---

[77] 국내의 알코올 자조집단으로는 AA(Alcoholics Anonymous, 단주동맹: AA는 알코올 중독자들이 그들의 문제를 해결하고 다른 사람들이 알코올 중독으로부터 회복되도록 돕는, 서로 경험과 힘과 희망을 나누는 모임이다. http://www.aakorea.co.kr 참조)와 AL-ANON(단주 가족친목 연합단체)이 있다. 이들 자조집단은 알코올 중독자와 그 가족들의 모임이기 때문에 치료집단에 더 가깝다고 평가되기도 하지만 알코올 중독자가 아닌 가족, 친구, 친척 등이 함께 참석하여 서로간의 경험과 희망을 나눈다는 목적을 가지고 있어서 알코올 문제 예방에도 도움을 주고 있다. 특히 AL-ANON은 알코올 중독이 되지 않은 가족원들을 상당수 포함하고 있기 때문에 알코올로 인하여 발생하는 가족문제와 다른 가족원의 알코올 중독을 예방하는 데 도움을 준다. 현재, AA집단은 전국에 총47개 모임이 있으며, AL-ANON은 ALATEEN과 성인자녀모임, 초심자모임을 모두 포함하여 총40개로 구성되어 있다.

4장 독서치료 적용을 위한 대학도서관 서비스 방안

할 수 있다.

현재 우리나라에서 독서치료에 적용할 수 있는 상황별 독서목록은 체계적으로 개발되어 있지 못하다. 알코올 중독 센터와 정신과에서 알코올 중독 치료에 사용하고 있는 독서자료를 참고하여 자료를 개발하는 것도 한 방안이 될 것이다. 알코올 중독에 관련된 독서목록 외에도 알코올 중독자와 가족의 마음의 상처[78]를 위로할 수 있는 목록도 같

---

[78] 알코올 중독은 친밀하고 밀접한 가족 관계에 해를 끼치고 알코올 중독자만큼이나 가족 내 다른 구성원에게도 손상을 입히는 가족병 (family disease)이다. 이미 많은 학자들은 알코올 중독을 개인의 질병으로 보기보다는 알코올 중독자가 속한 가족의 질병으로 보아야 한다는 데 의견의 일치를 보고 있다. 많은 알코올 중독자들이 가족과 함께 살고 있고, 가족에게 상호 영향을 미치며, 이렇게 형성된 가족환경은 가족구성원에게 직·간접으로 신체적·정신적인 영향을 끼치게 된다. 따라서 알코올 중독자 가족은 알코올 중독자의 행동에 반응하게 되는데, 즉 알코올 중독자를 조절, 보상, 숨기려 하고 종종 알코올 중독으로 인해 자신을 비난하며 상처를 받기도 하고, 그 결과 불안을 느끼게 된다. 가족구성원들은 자신도 알게 모르게 장애를 가지고 살아가게 된다. 또한, 알코올 중독자의 90% 이상이 가정폭력을 행하고 있는 것으로 나타났다. 이와 같은 사실은 최근 한국알코올약물상담소(소장 민호기)가 지난 1999년 1월부터 2000년 8월까지 받은 총 2,099건의 상담통계에 의해 밝혀진 것으로 가정폭력의 유형은 언어폭력, 구타, 아내강간, 자녀폭력 등 비윤리적인 형태로 행해져 가족 내 역기능을 초래하고 있는 것으로 나타났다. 통계에 의하면 알코올 중독 가족들은 중독자로부터 받은 공격적인 말 또는 행동에 마음의 상처(분노, 우울, 증오심)를 갖고 있어 가족 내 역기능을 초래하고 있다. 알코올 중독자의 자녀는 늘 감정을 억제해 마음속에 미움과 증오심을 갖고 있다(34%), 마음에 늘 불안과 공포심이 있다(27%), 의존적인 성향을 갖고 있다(11%), 대인관계에 어려움이 있다

이 개발하여 제공하면 바람직할 것이다. 이것은 알코올 중독의 한 원인이기도 한 유전적인 요인을 배제할 수 없는 것으로 알코올 중독자의 가족으로 성장하여 가지게 되는 마음의 상처를 간과할 수 없기 때문이다.

(3) 교내 기관 지원 방안

대학생이 처음으로 과음을 하거나 음주를 강요당하는 일은 대학입학과 거의 동시에 이루어진다. 대학 신입생을 대상으로 한 음주교육 프로그램의 중요성이 여기에 있다. 보건복지부는 1999년도 건강증진 연구사업의 일환으로 '대학생 문제음주 예방을 위한 홍보 및 보건 교육 프로그램'[79]을 개발하였다. 이 프로그램은 대학사회에서 적용가능한 절주 홍보·교육 프로그램으로 개발한 것이었고, 2001년 특정 대학을 중심으로 이 프로그램을 운용하여 그것의 효과성, 적절성 등을 평가한 보고서[80]가 발행되었다. 이 보고서

(9%), 기타 순으로 응답해 자녀의 인격형성에 부정적인 영향을 미치고 있는 것으로 나타났다. 특히 자녀가 여자일 경우 배우자를 선택하는 데 혼란을 느끼는 것으로도 지적됐다. 김수진,「알코올 중독자와 가족, 어떻게 도와줄 것인가」,『책은 치유하는 힘이 있는가』, 부산대학교 문헌정보학과, 2002, 118-119쪽.
[79] 천성수 외,『대학사회의 문제 음주 예방을 위한 홍보 및 보건교육 프로그램 개발』, 삼육대학교·보건복지부, 2000.
[80] 천성수 외,『대학생 문제음주예방을 위한 홍보·교육 프로그램의 운

는 1학년 단주 교육 강연, 소그룹 리더에 의한 상담 및 교육, 교내방송·대학신문을 이용한 홍보, 절주 소식지·포스터 제작, 홈페이지와 이메일을 통한 홍보 등과 같은 프로그램을 제안하고 있다. 대학 내에서 이런 프로그램이 운용된다면 대학도서관도 프로그램의 개발 과정에 능동적으로 참여하고, 운영 과정을 적극 지원하는 것이 요망된다.

그리고 대학 내의 문제 음주자를 위한 상담·치료 프로그램을 대학 내 기관과 연계하여 독서치료 프로그램을 개발하고 그 치료 과정에 도서관이 적극 지원할 수 있도록 한다. 대부분의 대학에는 대학문화원(학생생활연구소, 학생상담센터)이 있어 대학생활에 필요한 학생들을 개별적으로 혹은 집단적으로 상담·지도하고 또한 전문적인 치원에서 학생들의 대학생활에 대한 적응 및 심리적 문제해결에 도움을 주고 있다. 구체적으로 인간관계와 관련된 문제, 성 문제, 삶의 문제, 대학생활의 문제, 약물 관련 및 중독, 진로 등에 관한 문제를 상담하고 있다. 독서치료가 알코올 중독

용과 평가』, 삼육대학교·보건복지부, 2001. 이 연구는 대학생 문제음주를 예방하기 위한 절주 홍보·교육 프로그램을 운용하고 그 결과를 평가하여 적합한 프로그램의 모델을 제시하고자 한 것이다. 효과적인 프로그램 운영을 위한 대학사회에 필요한 제반 환경요인을 파악하고, 대학사회에 건전한 음주문화가 정착되도록 대학사회의 절주 프로그램의 모델을 제시하고 있다는 데 이 연구의 의의를 찾을 수 있다.

상담에 실제 사용되고 있는지 상담 담당자와 신경정신과 전문의의 이야기를 들어보았다.

> 아직까지 음주 문제와 관련하여 직접적인 상담은 없었습니다. 다른 문제와 관련하여 괴로워서 술을 마신다라는 얘기는 들었지만 자신의 음주에 문제가 있다고 하여 상담한 사례는 저의 경우는 없었습니다. 다른 심리치료로는 상담하고 있습니다만 독서치료로 심리치료를 해보지 않았구요. 솔직히 독서치료에 대해 모르고 독서치료에 관하여 배우지 않았기에 상담에서 하지 않고 있습니다.[81]

> 솔직히 독서치료라는 말은 최근에야 알게 되었고, 자세한 내용은 잘 모르고 있습니다. 일반적으로 치료라 함은 문제를 가진 사람이 전문가를 찾아가서 도움을 받는 것인데, 독서치료는 그런 차원과는 다른, 책을 통하여 스스로 치료하는 것을 말하는 것이더군요. 사회가 전문화되면서 치료적 접근도 다양해져간다는 생각이 들면서 독서치료 또한 나름대로의 의미가 있을 것으로 생각합니다. 본원에서 시행하고 있는 알코올 의존 환자들의 입원치료 프로그램 안에는 『회복에 이르는 길』이라는 책을 필독서로 선정해두고 있습니다. 병원에서는 책읽기를 따로 독서치료라는 말로 사용하고 있지는 않습니다만 그 개념은 유사한 점이 있다고 생각합니다.[82]

---

81) P대학 대학문화원 A상담원과의 전화 인터뷰, 2003년 5월 1일, 16:20-16:35.
82) P의료원 신경정신과 전문의 Y박사와의 이메일 인터뷰, 2003년 5월 7일.

4장 독서치료 적용을 위한 대학도서관 서비스 방안

　이처럼 아직까지 상담 프로그램 및 치료 과정에 독서치료가 구체적으로 적용되지 않고, 사서가 전문성을 가지고 임상에 임하고 있지 않음을 알 수 있다. 앞으로 전문가들과 더불어 사서가 독서치료 기법으로 보조적인 지원을 할 수 있으리라 생각한다. 대학생 문제음주자의 상담과 치료에 있어 문제 원인과 특성에 관계되는 독서 자료를 전문가와 의논하고 자문하여 주의 깊게 선택·처방함으로써 지도 및 치료를 도와줄 수 있다. 음주 이외에 그 사람이 가진 상처에 관심을 갖고, 그의 문제를 파악하고, 그에게 맞는 책을 선택하여 주고, 읽을 수 있는 동기를 마련해주어야 한다. 집단치료 및 교육모임에서 책읽기를 시도하여 읽고, 다 읽은 다음 책에 대하여 함께 이야기 해보고 그래서 문제를 해결할 수 있도록 진행할 수 있을 것이다. 문제음주 치료 과정에 독서를 병행하게 함으로써 도움을 줄 수 있다. 치료 단계에 사용될 자료를 수집하고, 읽을거리·볼거리를 다양하게 구비하여 스스로 문제를 해결할 수 있게 도서관으로 자연스럽게 유도한다. 도서관과 책을 통하여 창피해서, 두려워서 꺼낼 수 없는 이야기를 문제음주자인 대학생은 말할 수 있다. 현실적응에 문제가 있어 이를 피하고 싶어하는 사람에게도 자기가 겪고 있는 것과 유사한 사건과 마주할 수 있는 기회를 준다. 책을 읽음으로써 자기와 비슷한 문제를 겪고 있는 다른 사람들이 있다는 것도 알 수 있고, 이에 대한 해결책을 발견할 수도 있다. 미래에 겪게 될 문제들에 대한 해결 방안을 찾아낼 수도 있을 것이다. 이와 같은 경험은 내 자신이 읽었던 독서치료용 책들을 통하여 책 내용에 공감하고 스스로 아픔과 성찰의 과정을 거치면서 내면적 상처를 치유하는 경험을 했기 때문에 가능한 일이라고 생각한다. 앞으로 문제음주자뿐만 아니라 이성 문제, 성 문제, 진로 문제 등으로 어려운 상황에 있는 학생들을 도울 수 있는 독서치료 프로그램도 개발되면 좋을 것이다. 또한 독서치료 상담 후 적용사례, 자료목록, 대상자들의 반응 등에 관한 기록을 상세히 남겨, 다음 단계의 독서치료 프로그램의 구성에 직접적인 도움을 줄 수 있도록 제도화될 필요도 있다.

5
끝내며

　우리나라에서 대학생이 되면 공공연하게 술을 마시는 것이 허용되고, 일단 음주에 노출되고 나면 무분별하게 마시기 시작한다. 대학시절의 음주습관은 그들의 성인기까지 지속될 수 있고, 대학사회에서 형성된 음주규범은 우리 사회의 좋지 못한 음주문화로 정착되고 있다. 과음과 중독의 경계는 구분이 어려울 만큼 아슬아슬한 차이에 지나지 않는다고 한다. 음주에 비교적 관대한 우리 사회의 술 문화는 대학사회의 음주문화에까지 영향을 미쳐 문제음주자를 양산하는 한 원인이 되고 있다. 대학 입학과 동시에 이루어지는 음주는 선배, 후배, 동료 등 접할 수 있는 모든 사회적 관계 속에서 강제로 이루어지는 면이 있다. 따라서 문제음주율이 높고, 이러한 문제음주의 결과 폭력, 법적 위반, 성 문제 등 심각한 사회적 문제를 경험하게 된다. 신체·유전적 요인, 심리적 요인, 사회·문화적 요인 등 다면적인 요인들이 대학생의 문제음주에 영향을 미치고 있다. 음주 문제는 심각한 사회 문제의 하나로 인식되어야 하며, 대학의 음주 문제는 예방교육 및 홍보에 중점을 둔 예방활동을 중심으로 적극적으로 이루어져야 한다.

우리나라의 대학은 대학생의 음주 문제의 심각성을 깨닫고 교내 기관을 연결하여 대학생의 문제음주를 예방하는 프로그램을 개발·운영하는 것이 시급하다. 대학도서관이 대학의 교육과 연구활동을 돕는 봉사기관으로 지금까지 기여하였다면, 이제 장서의 예방·치료적 힘을 빌어 독서치료를 새로운 봉사영역으로 대학의 구성원들에게 제공할 필요를 느낀다. 이 책은 도서관에서 적용할 수 있는 음주예방 활동의 하나로, 대학생의 문제음주를 독서치료와 연결하여 그 방안을 모색하였다.

이 책의 내용을 간단히 정리하면 다음과 같다.

먼저 대학생의 음주실태와 음주요인, 예방을 위한 정책 방향을 살펴보고, 독서치료와 문헌정보학계의 활동을 살펴 보았다.

5장 끝내며

다음으로 독서치료와 대학생의 문제음주를 연결하여 다음과 같은 방안을 찾았다. 첫째, 음주에 관련된 책을 도서관에 비치하여 음주에 관한 지식을 제공하고, 특강 및 음주 교양강좌에 관련 참고자료를 제공하여 대학생의 문제음주를 예방하고 치료로 유도할 수 있다는 것, 둘째, 독서는 정신질환의 치료만이 아니라 건전한 성격형성과 가치관 정립에 긍정적인 영향을 미칠 수 있어 인간관계 훈련에 도움을 줄 수 있다는 것, 셋째, 음주 대안 활동의 하나로 독서를 통한 건전한 생활습관을 기르는 것 등이다.

그리고 대학생의 문제음주와 관련된 독서치료 프로그램을 독서치료의 3대요소인 독서치료대상자, 독서자료, 치료자로 나누어 살펴보았다. 이를 토대로 대학도서관에서 적용가능한 독서치료 서비스 방안을 다음과 같이 제안한다.

첫째, 중앙도서관 혹은 의학도서관의 한 코너에 상시 코너를 마련한다. 상시 코너를 만들기 어렵다면 매년 3월 대학 신입생을 위한 음주 예방 코너, 음주에 노출이 많은 시기인 3월과 9월의 한시적인 음주 예방 코너, 축제기간 중 학내 음주 프로그램과 연계된 별도 코너 꾸미기 등 이벤트 성격을 띤 행사로 운영하는 방안을 고려할 수 있다. 이와 같은 코너 운영은 음주자의 눈길을 끌 수 있어 잠재된 문제음주자를 긍정적인 방향으로 유도할 수 있다. 또한 음주지식을 쉽고, 정확하게 습득할 수 있게 도와줄 것이다.

둘째, 독서목록을 개발한다. 대학생의 음주 문제와 관련한 독서목록은 문제음주의 예방과 치료라는 상황에 초점을 맞추어 개발한다. 알코올 관련 단체 및 관련 사이트의 정보, 전문적인 알코올중독치료센터의 독서자료를 참고하여 개발하는 방안을 모색할 수 있다. 알코올 중독에 관련된 독서목록 외에도 알코올 중독자와 가족의 마음의 상처를 위로할 수 있는 목록도 개발·제공한다.

셋째, 대학생의 음주와 관련된 교내 기관을 지원하는 방안을 모색한다. 1학년 단주 교육 강연과 같은 신입생 대상 프로그램과 소그룹 리더에 의한 상담 및 교육, 교내방송·대학신문을 이용한 홍보, 절주 소식지·포스터 제작, 홈페이지와 이메일을 통한 홍보 등 음주교육 및 홍보 프로그램이 학내에서 운용된다면 도서관이 그 개발과 운영 과정을 적극적으로 지원하는 것이다. 그리고 문제음주자를 위한 상담·치료 프로그램을 대학 내 기관과 연계하여 개발하고 그 치료과정을 도서관이 적극 지원할 수 있도록 한다.

여러 가지 인간소외 현상이 여전히 존재하는 정보화사회에서 책이 가진 치료적인 면에 사서가 주목하고, 이를 적

5장 끝내며

극적인 도서관 봉사의 하나로 개발할 필요가 있다. 책의 내용을 가지고 이용자에게 좀더 다가가는 것이 요망된다. 정신건강에 대한 관심이 고조되어가는 요즈음 독서치료는 도서관의 새로운 봉사영역이 될 가치가 충분하다. 이성 문제, 진로 문제 등 다양한 상황에 처한 대학생을 도울 수 있는 독서치료 프로그램을 개발하여 서비스를 확대할 수도 있다. 도서관은 독서치료의 인지도를 높이기 위한 여러 가지 방안들을 강구하고, 도서관 이용 안내, 학교 홈페이지와 학교 신문 및 방송 등을 통해 홍보할 필요가 있다. 후속 연구로 특정 도서관이 독서치료를 적용한 사례를 중심으로 그 과정과 결과를 조명하는 연구, 다양한 상황에 따라 독서치료 프로그램을 개발하는 연구 등이 이어질 수 있다. 그리고 청소년과 여성음주에 관련된 독서치료 프로그램, 알코올 중독 치료와 재활에 관련된 독서치료 프로그램을 개발하는 연구가 계속적으로 이루어질 수 있다.

음주 문제 관련 독서목록

이 독서목록은 음주 문제와 관련된 책의 목록이다. AA 한국연합단체, 건강길라잡이, 독서치료 홈페이지, 보건복지부, 알코올중독정보센터, 한국대학생알코올문제예방협회, 한국음주문화연구센터와 같은 음주 관련 단체 및 관련 사이트의 홈페이지 정보와 이영애의 『책읽기를 통한 치유』에 실린 독서목록을 참고하여 작성하였다.

Jane Nakken 외. 1999, 『12 단계 교본』, 하나의학사.

알코올이나 다른 중독성 약물들은 인류가 그것을 알아온 역사만큼이나 오랫동안 인간에게 많은 고통을 주고 있

음주 문제 관련 독서목록

다. 12단계는 알코올이나 약물로 인해 고통을 받고 있는 사람들에게 삶을 새롭게 살아가는 방식에 대한 길을 제시해주고 있는 프로그램이다. 12단계 교본은 해설서와 마찬가지로 알코올과 약물 중독증, 그리고 관련 분야에 대해 연구와 치료 활동을 하고 있는 미국의 해절덴(Hazelden)에서 발간한 12단계 워크북(Twelve Steps Workbook)을 번역한 책이다. 이 12단계 교본은 12단계 프로그램을 올바르게 실천하는 것을 돕기 위한 책으로서 12단계 해설서를 충분히 이해하고, 이 교본에 나와 있는 다양한 질문들에 솔직하게 답해봄으로써 자신의 중독증과 그로 인한 결과에 대해 좀더 분명하게 알 수 있을 것이다. 그리고 중독증에서 벗어나 새롭게 생각하고 행동하고, 느끼는 방법을 배우는 데도 도움이 되리라 생각된다.

AA 연합단체 한국지부. 1992, 『12단계와 12전통』, AA 연합단체 한국지부.

AA 협심자들의 회복과 모임의 기능 수행을 위한 원칙인 '12단계'와 '12전통'에 대한 책이다. 각각의 단계와 전통에 대해 구체적인 설명과 함께 실행방법에 대해서도 자세히 기술하고 있다. 또한, 일반인들에게도 유용한 삶의 지침을 제시하여준다.

William Springborn. 1999, 『12단계 해설서』, 하나의학사.

12단계 해설서는 현대사회에서 심각한 문제를 일으키고 있는 알코올과 약물중독증을 극복하기 위해 연구와 치료 활동을 하고 있는 미국의 해절덴에서 발간한 12단계 팜플렛을 번역한 것이다. 12단계란 중독증을 이겨내기 위한 중독자의 체험에서 나온 12가지 회복 단계를 말한다. 이 12단계는 중독증의 다른 치료 방법처럼 논리적이고 복잡한 이론을 바탕으로 한 것은 아니다. 오히려 어떤 면에서는 불합리한 점도 있는 것처럼 보인다. 그러나 이 12단계는 수많은 사람들이 중독증을 극복하기 위해 쏟아부은 노력에서 나온 것이기 때문에 그만큼 실제적이고 효과적인 중독증의 회복 방법이라고 할 수 있다. 이 책은 12단계에 관하여 아주 구체적으로 설명하고 있으며, 많은 실제적인 사례가 포함되어 있으므로 12단계를 제대로 이해하려는 사람들에게 크게 도움이 될 것이다.

음주 문제 관련 독서목록

존 C. 윈. 1998,『가족치료와 목회사역』, 솔로몬.

팀 슬레지. 1996,『가족치유 마음치유』, 요단.

역기능가정에서 자라난 성인아이를 위한 치유안내서이다. 저자인 슬레지 박사가 선도하는 성인아이 치유사역은 복음주의적인 교회 내에 잔잔한 파문을 일으키면서 교회성장에 새로운 가능성을 보여주고 있다.

리타 L. 클라크. 1991,『구타당하는 아내』, 르리심.

한국여성의전화. 1993,『그는 때리지 않았다고 한다』, 그린비.

한국여성의전화 10주년 기념자료집으로 매맞는 아내들의 고통스런 삶의 모습을 알리고 폭력남편에 대한 사회여론을 환기시키는 책이다.

웨인 오우츠. 1996,『그리스도인의 인격장애와 치유』, 에스라서원.

교회가 가면을 쓰고 있는 인격장애인을 돕고, 인격장애를 예방하며, 전인적 사역을 담당하기 위해 필요한 여섯 가지 제안이 담겨 있다.

허근. 2002, 『나는 알코올 중독자』, 가톨릭출판사.

가톨릭알코올사목센터의 소장으로 있는 허근 신부 자신의 알코올 중독 체험과 극복기를 싣고 있다. 저자가 알코올 중독의 위험성을 좀더 널리 알리기 위하여 부끄러운 지난날을 솔직하게 털어놓은 책으로 알코올 중독자와 그 가족에게 작은 등불이 되었으면 하는 바람으로 쓴 글이다. 알코올 중독은 도덕적인 결함이 아니라 누구나 걸릴 수 있는 정신적 질병이며 무엇보다 초기에 발견해서 빨리 치료하는 것이 필요하다고 저자는 말한다. 이 책은 알코올 중독으로부터 해방되는 데 좋은 길잡이가 될 것이다.

Peter M. Monti 외. 1999, 『단주를 위한 사회기술훈련』, 하나 의학사.

음주 문제로 입원하는 환자를 치료하는 과정에 환자 가족들에게 환자가 술을 마시지 않을 때의 생활태도나 성격을 물어보면, 대부분의 가족들은 환자가 말이 없고 조용하며 내성적이어서 술만 마시지 않으면 전혀 문제가 없다고 한다. 알코올 중독 환자는 평소에 다른 사람 앞에서 자기의 의사 표현을 잘하지 않아 겉으로는 주위 사람이나 환경에

음주 문제 관련 독서목록

순응하는 듯 보이지만, 자기도 모르게 대인관계와 사회생활에서 내적인 불만과 갈등이 쌓여가는 경우가 많다. 그러한 마음의 고통을 적절한 사회적 기술을 통하여 해결하는 것이 아니고, 술을 마신 후 개인과 가정, 나아가 사회에 부정적인 영향을 끼치는 방법으로 해결해나가게 된다. 우리나라는 다른 나라보다 유난히도 알코올 중독자가 많은데, 이 책에 밝혀져 있는 저자들의 알코올 중독자를 위한 사회기술훈련이 환자들의 단주를 돕고 재발 회수를 줄이는 데 도움이 될 것이라 기대한다.

뤼시엠 뒤발. 1990, 『달과 놀던 아이』, 바오로 딸.

매튜 린·대니스 린. 1994, 『마음의 상처 이렇게 치유하라』, 규장.

W. 휴 미실다인. 1990, 『원만한 정서생활을 가로막는 몸에 밴 어린 시절』, 가톨릭출판사.

부모의 지나치고 병적인 태도는 자녀가 성인이 되었을 때까지 영향을 끼친다. 이 책은 부모의 완전주의, 강압, 유약, 과보호, 심기증, 징벌, 방임, 거부, 성적 자극의 영향과 결과를 제시하고, 이러한 문제점을 해소하는 길을 알려준다.

레스 카터·프래크 미너스 1996, 『분노』, 은혜출판사.

로빈 노우드. 1992, 『사랑이 지나치면 상처도 깊다』(김유동 옮김), 문학사상사.

저자는 진정한 사랑을 갈구하는 많은 여성들이 왜 자신과 맞지 않는 남성을 선택하여 스스로 고통에 빠지는가를 살피는 가운데, 지나친 사랑은 사랑중독증이라고 부를 만큼 불건전한 것이 될 수 있다고 지적한다. 지나친 사랑의 원인에는 두려움이 있기 때문이다. 이러한 사랑에서 벗어나 대등하고 바람직한 사랑의 관계를 맺는 길도 함께 제시되어 있다.

데이빗 A. 시맨즈 1999, 『상한 감정과 억압된 기억의 치유』, 조이선교회.

『상한 감정의 치유』로 잘 알려져 있는 저자가 내적 치유를 돕는 상담자들을 위해 저술한 책이다. 억압된 기억의 치유를 위한 기본 안내서이자 교과서라 할 수 있는 책이다. 내적 치유의 신학적·성서적 근거, 내적 치유를 필요로 하는 증상들, 내적 치유를 위한 기도 등의 주제를 구체적으로 다루고 있다.

음주 문제 관련 독서목록

제임스 프로차스카 외. 2003, 『생각만 하고 실행하지 못하는 사람들을 위한 변화 프로그램』(강수정 옮김), 에코리브르.

이 책은 홀로 변화를 이룩한 사람과 전문가의 도움으로 변화에 성공한 사람 수천 명을 대상으로 12년 넘게 '변화의 원리'를 연구한 세 사람의 공동 저작물이다. 저자들은 성공적인 변화의 비밀을 밝혀내기 위해 노력한 결과, 변화가 운이나 의지에 의한 것이 아님을 발견했다. 변화는 그 원리를 이해하는 사람이라면 누구나 성공적으로 삶에 적용시킬 수 있다는 것이다. 현재의 단계를 파악하기만 하면, 긍정적인 변화가 일어난 환경을 조성할 수 있고 동기부여를 유지할 수 있고 퇴보조차 전진으로 바꿔놓을 수 있으며 삶을 풍요롭게 만들어주는 새로운 습관을 영원히 지속할 수 있다고 한다. 이 변화 모델은 미국 국립 알코올 중독 연구소, 암 연구소(금연을 시도하는 흡연자들을 위해 마련한 상담 전화), 질병통제센터(HIV/AIDS 예방을 목적으로 하는 여러 가지 프로젝트), 세계 전역에 위치한 '존슨 앤드 존슨'의 지사, 미국폐협회, 그리고 미국암학회 등에서 사용하고 있다. 영국 국립건강보건제도에서도 흡연이나 음주, 또는 마약 복용자의 재활을 돕거나 식습관을 개선하기 위한 훈련 프로그램에 이 모델을 활용하고 있다.

노용찬·유재덕. 1996, 『성인아이 치유를 위한 12단계』, 글샘.

『마음의 상처를 치유하는 길: 상한 감정 치유 워크북』과 짝을 이루는 책으로서, 역기능적인 환경에서 성장한 관계로 고통을 당하고 있는 수많은 사람들을 위한 유용한 도구이다. 이것은 특별히 성인아이들을 위한 12단계에 초점을 맞추어 쓰여진 최초의 책이다.

박수근. 1997, 『술, 그것의 전부를 밝힌다』, 풍남.

다카스 도시아키. 1992, 『술과 건강』, 전파과학사.

술이 인체에 미치는 영향을 의학적 견지에서 분석한 일본 의학박사의 저술이다. 인간과 술, 취함의 과학, 급성 음주의 해로움, 알코올 의존, 신경계에 미치는 영향, 내장, 혈관, 태아에 미치는 해, 주해의 요인과 치료 및 예방, 술을 인생의 벗으로 삼기 위해 등으로 구성되어 있다.

음주 문제 관련 독서목록

Patrick Panning. 2000, 『술과 약물을 끊기 위한 단계적 지침서』(서현주 외 옮김), 하나의학사.

이 책은 술이나 코카인, 대마초, 히로뽕, 진정제 등과 같은 중독성 약물을 끊으려는 사람을 위한 것이다. 미국에서는 성인 10명 중 1명이 음주 문제를 가지고 있다. 25명 중 1명은 불법약물 사용 문제를 가지고 있다. 이들은 모두 1,500만 명이 넘는다. 어떤 이들은 술과 약물을 남용하는 것은 근본적으로 윤리적인 실패라고 생각하지만, 많은 전문가들은 '그것은 질병이다'라고 말한다. 또 어떤 이들은 나쁜 습관으로 생긴 행동이라고 말한다. 이 책은 수백만 사람과 작업을 하면서 증명된 생각이나, 방법, 기법을 모았다. 이 책은 술과 약물을 끊기 위한 실행 지침시이다. 이 책은 차안에서나, 다른 일을 하는 동안 편안하게 읽을 수 있는 책이 아니라 이미 중독성 약물을 끊었거나, 또는 끊기에 대해 생각하는 사람들에게 도움이 될 수 있다.

이영국. 1998, 『술 권하는 사회, 술에 먹힌 사람』, 예영커뮤니케이션.

알코올 중독과 중독자 이야기를 풀어냄으로써 심각한

사회 문제의 하나인 알코올 중독의 문제점을 파헤치고 해결책을 제시하였다. 알코올의 역사, 중독의 원인과 발전단계, 예방과 치료방안, 예방 프로그램 등의 자료를 바탕으로 알코올 중독에 관하여 실제적으로 상세히 설명하고 있다.

박재환 외. 1999, 『술의 사회학』, 한울.

술의 사회학적 의미를 살핀 책이다. 술, 노동, 커뮤니케이션을 비롯해 술과 의례, 술과 섹스, 술과 폭력, 술과 청소년, 환각과 중독, 술집 등 음주와 관련된 사회적 현상들을 심도 있게 분석하였다.

데오도르 H. 에프. 1992, 『신자에게 음주는 허락되는가?』, 바울서신사.

성경에 나타난 음주의 기록과 알코올의 사용에 대한 실례들을 들어 그리스도인의 음주 문제에 관한 답변을 제시하고 있다.

찰스 셀. 1992, 『아직도 아물지 않은 마음의 상처』, 두란노

역기능가정에서 자라난 성인아이들이 겪는 낮은 자존

음주 문제 관련 독서목록

감, 분노, 우울증 등의 공통적인 문제를 다루고 있는 책이다. 자신과 주변 사람을 새로운 눈으로 이해하며, 성인아이의 아픔을 치유하는 데 도움을 줄 수 있다.

홀로랜스·후레드. 1997, 『아픈 기억으로부터의 자유』, 은혜출판사.

청중들과의 폭넓은 교류를 통하여 얻은 연구를 바탕으로 쓰여진 책이다. 지금 나타나는 증세들이 정서적 박탈감이라든지 육체적, 정신적, 성적 학대와 같은 여러 가지 형태의 억압된 어린 시절의 상처를 보여주는 것이고, 그 아픈 기억으로부터 상처가 어루만져질 때 자유를 얻을 수 있다고 한다.

김성곤. 2002, 『알코올 및 약물 중독 질환을 위한 BRENDA 치료』, 하나의학사.

약물 요법도 수용하는 유연한 생물·심리·사회적 치료법을 이용하고자 하는 모든 치료자들에게 치료 방법을 소개한 책이다. BRENDA 치료와 사용법에 대해 설명하고, BENDA 치료의 실제 적용 예를 소개하고 있다. BRENDA

는 환자를 중심으로 하는 모델이다. 다른 치료들은 대부분 특정한 시기에 특정한 문제들을 해결하도록 짜여져 있는데, 이와는 다르게 BRENDA의 여섯 단계를 적용하는 시기와 실시할 내용은 치료 시기에는 관계 없이 전적으로 환자의 경과에 달려 있다. 즉 한 세션 내에 BRENDA 여섯 단계를 모두 이용할 수도 있고, BRENDA 중 오직 하나의 단계에만 초점을 맞추어 한 세션을 진행할 수도 있다. 그러나 일반적으로는 BRENDA의 이름에 있는 순서대로 각 단계들이 진행된다. BRENDA 치료법은 중독 질환의 생물·심리·사회적 모델에 그 근거를 두고 있기 때문에, 과도한 음주나 약물의 사용으로 발생하는 합병증에 대한 철저한 생물·심리·사회적 평가로부터 시작된다. 이러한 평가를 근거로 다양한 생물학적 및 심리·사회적 치료들을 이용하여 각 환자에 맞게 개별화된 치료 계획을 수립하고 있다.

한국음주문화연구센터 편. 2002, 『알코올백과』, 한국음주문화연구센터.

미국 알코올 남용 및 중독 연구원 연구실장, 국내외 대학 교수, 알코올 전문연구원 등 국내외 28명의 알코올 진

음주 문제 관련 독서목록

문가들이 쓴 알코올 지침서로 알코올 지식이나 정보 없이 무리하게 술을 마셔왔던 음주자들이 꼭 읽어봐야 할 책이다. 알코올에 대한 상식에서부터 전문지식에 이르기까지 광범위한 내용을 수록하였다. 우리나라와 세계의 음주문화, 신체와 알코올과의 관계, 알코올 문제의 예방과 치료, 건전한 음주문화를 위한 방법 등 올바른 음주습관을 들이는 데 매우 유용한 정보를 제공한다. 특히 이전판인 『알코올 상식백과』에 비하여 최신 관련 정보와 통계를 충실히 수정·보완하여 수록하였다.

김종성 외. 2001, 『알코올성 질환의 진단과 치료』, 한국의학.

음주 문제 환자를 치료하는 의료인들을 위해 알코올리즘이라는 질환에 대한 포괄적인 입장을 살핀 지침서이다. 알코올성 질환의 진단과 선별 검사들, 알코올 유도성 신경정신계 질환, 알코올성 간질환, 알코올성 순환기 질환, 소화기 질환과 태아 알코올 증후군, 문제음주환자에 대한 치료 전략, 알코올의 작용 및 연구동향 등에 대해 설명하고 있다.

성상경. 2001,『알코올 약물중독치료의 실제』, 하나의학사.

　최근 알코올 중독에 대한 이해와 관심의 증가로 다양한 치료기관에 치료 및 예방교육 프로그램이 개설되고 있다. 이 서적은 임상에서 실제 치료기관의 개설과 운영에 필요한 각종 프로그램과 운영체계에 대해 다양한 실례를 들어 제공함으로써 치료자들의 길잡이 역할을 하고 있다.

남태우. 2002,『알코올의 야누스적 문화』, 창조문화.

　술의 기원 설화, 서양문화와 명정, 서양 주당들의 취흥가, 동양에서의 음주 풍조사, 당대의 풍류 문화, 한 주당들의 음주 풍류사, 알코올그래피, 술로 시작된 미국의 역사, 술잔의 세계로 구성된 내용을 싣고 있다.

모리오까 요우. 2000,『알코올 의존, 벗어날 수 있을까?』(허근 옮김), 가톨릭출판사.

　알코올 의존증은 그 질병에 대한 올바른 지식과 이해를 가지고 알코올 치료를 해야 한다. 알코올 의존증 환자가 자신의 병에 대해 부정하듯이 가족들도 그런 사실을 인정하려 들지 않는다. 이 책은 알코올 의존자 가족들에게 삶에 대한 희망과 생기를 주고, 알코올 의존자들을 회복시키는 데 좋은 길잡이가 되는 책이다.

남궁기. 2001, 『알코올 의존 당신도 치료할 수 있다』, 청년 의사.

영동세브란스병원 정신과 과장인 남궁기 교수가 알코올 의존 치료법 등을 소개한 전문서적으로 알코올 의존 외래 통원 치료 프로그램 설명서이다. 치료자라면 알아야 할 알코올과 알코올 사용 장애 전반에 대한 일반적인 지식, 알코올 의존의 외래 통원치료 프로그램의 치료자용 메뉴얼과 환자용 메뉴얼로 구성되어 있다. 남궁기 교수는 알코올에 의존하는 환자들에 대한 새로운 약물들이 개발되면서 외래에서도 상당한 치료 효과를 거둘 수 있다며, 10회 통원치료 프로그램을 이 책에서 제시하였다.

Robert R. Perkinson. 2002, 『알코올 전문 치료자가 되는 길』 (신재정·황인복·김석산·채숙희 옮김), 하나의학사.

알코올이나 약물에 의존하여 삶의 어려움을 이겨나가는 사람을 '중독자'라고 한다. 알코올 중독 환자들에게 이 책은 치료의 시작부터 종결까지를 마무리 지어주는 길잡이라 할 수 있다. 알코올 전문 치료자의 치료지침서로서 사용될 책을 역자는 이렇게 소개하고 있다. "이론서가 아닌 치료지침서로서 영국에서나 한국에서나 치료 장면에서 만나는 일들이 어쩌면 이리 똑같을까? 하는 공감대를 많이 가졌고 저자들을 신뢰하게 되었다"라고 하면서 실제 치료에 접목되고 효과가 평가되기를 바란다고 하였다.

정남운 외. 2000, 『알코올 중독』, 학지사.

21세기 현대사회는 급격한 변화와 치열한 경쟁으로 점철될 전망이다. 이런 현실 속에서 현대인은 누구나 이상심리나 정신장애를 경험할 수 있다. 이 책은 알코올 중독의 현상과 원인 그리고 치료방법을 소개하고 있다.

김중원 편역. 1997, 『알코올 중독 내일이면 끊으리라』, 하나의학사.

알코올 중독은 100%가 치명적인 질환이다. 알코올 중독증으로 온전히 버티어 살아남은 사람은 아무도 없다. 술을 마신 사람의 10% 정도가 중독자이며, 이들은 자신의 힘으로 술을 끊을 수 없다. 알코올 중독자들이 자발적으로 치료를 받으려 한다는 말은 잘못된 것이다. 이 질환에 걸린 사람들은 자연적으로 병식이 생겨 치료를 받는 것이 아니고, 거의 깰 수 없는 방어 체계가 무너져 심각한 위기를 겪고서야 비로소 알코올 중독자임을 인정하게 된다. 그들 대부분은 강제적인 치료를 받는다. 제대로 치료를 받지 않을 경우 재발을 거듭하고, 또 도움을 청하지 않는 경우 불행한 길을 걸을 뿐이다. 이 질환은 신체·정신·심리 및 영혼 등 인간의 모든 부분에 침범한다. 이 질환의 가장 중요한 특징은 진행성이며, 만성적이고 치명적인 심각한 질환이라는 것이다. 환자와 가족뿐만 아니라 의료진에게 알코올 중독의 성질과 알코올 중독 환자의 심리상태를 이해하는 데 도움을 주는 책이다. 특히 급성기부터 회복까지 단계를 나누어 실제 치료에서 나타날 수 있는 상황의 해결방법을 함께 제시하여준다.

안덕자. 1997, 『알코올 중독 어떻게 할까요』, 하나의학사.

우리는 술에 대해 비교적 관대한 문화 속에서 살고 있다. 우리나라 성인 남자의 70% 이상이 술을 마시고 있으며 국민 1인당 술 소비량은 세계적으로 최고 수준에 달한다. 그뿐만 아니라 9~24세 청소년의 59.7%가 음주 경험이 있다고 한다. 현대 사회의 무절제한 음주문화는 많은 문제를 야기시켜 개인적인 손실뿐만 아니라 가정과 사회에 심각한 후유증을 낳고 있다. 이러한 문제는 비단 남성들에게만 국한된 것이 아니고, 최근에는 여성 알코올 중독자가 증가하고 있는 추세이다. 이 책은 알코올 중독의 원인과 자가 진단, 그 치료에 대한 간결한 보고서이다.

제리 던. 1992, 『알코올 중독에서 해방되는 비결』, 나침반.

제임스 버진. 1995, 『알코올 중독으로부터 회복되는 길』, 하나의학사.

이 책은 알코올 중독 질환의 원인들과 증상들을 논의하고 있으면서도 그 한계 내에 머물지 않고 어떻게 하면 고통을 받고 있는 알코올 중독 환자를 좀더 깊이 이해할 수 있는지, 그리고 진심으로 마음 아파하면서 그들을 도와주려는 친구들, 특히 치료를 통해서 가족들의 아픔을 치유하고 어떻게 그들을 회복의 길로 동참시킬 수 있는지에 대해 쉽고 자세하게 다룬다. 무엇보다도 저자인 버진(Burgin) 목

음주 문제 관련 독서목록

사의 수십 년에 걸친 치료 경험은 가족들이나 치료자에게 많은 도움이 되리라 생각한다. 또한, 이 책은 알코올 중독으로 고통을 받고 있는 사람들과 중독자 곁에서 함께 고통을 받으면서도 그들을 어떻게 도와주고 또 어떻게 도움을 받아야 할지 모르는 사람들에게 희망의 길로 향하는 작은 빛이 될 것이다.

박종암. 1997, 『알코올 중독자의 내적 갈등과 치유전략』, 나사로.

박종암. 1994, 『알코올 중독자들을 위한 선교적 전략』, 백합출판사.

현대건강연구회 1997, 『알코올 중독증 예방과 치료법』, 태을출판사.

알코올 중독증이 어떤 것인지 사례를 들어 설명하고 술을 어떻게 끊을 것이며 어떻게 금주를 계속할 것인가에 대한 해결책을 제시하였다. 또 부모의 음주가 자녀에게 미치는 영향과 여성의 알코올 의존증에 대해 기술한 책이다.

제럴드 G. 잼폴스키. 2000, 『어둠에서 벗어나 빛 속으로』(최승자·김예숙 옮김), 춘해대학 출판부.

  심각한 우울증, 죄책감, 알코올 중독에서 마음과 영의 진정한 치유에 이른 잼폴스키의 개인적 여행에 관한 이야기로 구성되어 있다. 불안한 아동기부터 정신과 의사, 세계적 강연자, 저자로서의 삶을 살게 되기까지를 돌아보며 잼폴스키는 사랑과 사랑을 주는 일이 가진 힘의 발견을 이야기한다. 미국의 정신과 의사로 태도치유센터 설립자인 제럴드 G. 잼폴스키가 성공적인 인간관계를 통해 행복한 삶을 꾸려갈 수 있도록 조언한다. 우울증, 죄책감, 알코올 중독에서 벗어나 진정한 영혼의 치유를 할 수 있도록 하였다.

이광우. 2001, 『예수님도 한 잔 하시죠?』, 예영커뮤니케이션.

  왜곡된 음주문화가 만연한 한국사회에서 술 문제로 한 번쯤 고민해보지 않은 사람은 없을 것이다. 그만큼 이제 술은 한국 기독교인들에게 있어서 더 이상 신앙 외적이고 부수적인 문제가 아니라, 현실적이고 본질적인 문제가 되어버렸다. 이 책은 현장에서 이런 문제로 고민하고 있는 기독교인들의 생생한 사례와 더불어, 술에 대한 역사적·상식적·사회과학적·성경적 관점을 명확히 짚어주고 있다.

골스키(Terence T. Govski). 2002, 『온전한 마음: 알코올과 약물중독증에 대한 재발예방 지침서』(이덕기 옮김), 하나의학사.

골스키의 『온전한 마음의 유지』를 번역한 책으로 알코올 중독에서 진심으로 회복되기를 원하는 사람에게 재발을 막기 위한 구체적인 정보와 방법을 알려주고 있다. 재발에 관한 것뿐만 아니라 중독증의 원인, 증상, 진행 과정과 회복 과정 등에 대한 설명도 알기 쉽게 되어 있어 알코올 중독에 대한 기본적인 정보를 얻는 데 도움이 될 것이다.

AA 연합단체 한국지부. 1994, 『온전한 생활(Living Sober)』, AA 연합단체 한국지부.

술을 전혀 마시지 않는 상태가 알코올 중독으로부터 회복에 대한 최초의 첫 단계이다. 이 책은 단주를 통해 생활의 즐거움을 찾고 단주를 유지할 수 있는 구체적인 방법을 제시하고 있다. 술을 접하게 되는 다양한 상황에서 취할 수 있는 단주 방법을 제공하여 준다. 'Sober'란 뜻은 '술 취하지 않은'이라고 번역되지만, 여기서 의미하는 온전한 생활이란 매일같이 술에 취해서 사는 생활을 할 때는 당장 술을 끊고 취하지 않는 것만으로도 온전한 생활에 들어갔다고 생각할지 모르나, 단지 술에 취하지 않는 것으로는 부족하다는 것이고 온전한 정신적 생활이 무엇인가를 점점 알게 되어가는 것을 말한다. 이때 'Sober'란 말은 훨씬 광범위하고 깊은 뜻을 가진 온전한 정신이라는 것을 깨닫게 된다. 한국에 'Sober'에 해당하는 적절한 말이 없기에 이 책의 내용이 온전한 정신의 생활이란 뜻을 내포하고 있어 제목을 온전한 생활이라고 붙였다고 한다.

편집부 엮음. 1996, 『올바른 음주, 병을 치료한다』, 문원북.

이 책에서는 술과 차의 두 항목에 대해 일반적인 성질 및 특성을 소개하고, 그동안 상식적으로 알고 있지만 몇 가지 그릇된 것들에 대하여 과학적인 증거를 바탕으로 교정해주고 있다.

최현주. 1995, 『위장된 분노의 치유』, 규장.

목사로서 아내를 상습적으로 구타하던 저자가 자신의 문제를 진단하고 치유 받은 과정을 고백한 것을 기록한 책이다. 그 아내인 이선애 씨의 『잃어버린 나를 찾아서』(죠이선교회)와 함께 읽으면 좋을 것이다.

양정남. 1999, 『의존에서 회복까지』, 하나의학사.

이 책은 나약해진 현대인들이 빠지기 쉬운 여러 가지 중독들에 관하여 상세히 설명하고 있다. 알코올을 비롯하여 흥분제, 마취제, 카페인, 니코틴 등 여러 가지 약물이 인체 내에서 어떻게 작용을 하며 어떤 영향을 미치는가 하는 것을 자세히 서술하고, 이러한 중독으로부터 벗어나기 위한 방법을 제시하고 있다. 특히 오늘날 점점 늘어나고 있는 여성 알코올 중독자를 위하여 알코올과 관련된 여성들만의 문제점을 분석하고 알코올 중독이 여성에게 미치는 영향을 설명하고 있다. 알코올 중독을 치료하는 전문가들뿐만 아니라, 알코올 중독으로부터 벗어나고자 하는 모든 사람들에게 이 책은 좋은 지침서가 될 것이다.

AA 연합단체 한국지부. 1990, 『익명의 알코올 중독자들』, AA 연합단체 한국지부.

이 책은 *Alcoholics Anonymous*라는 책의 한글판이다. 1935

년에 문제음주자 두 사람이 만나서 서로의 경험을 나눔으로써 술을 끊을 수 있다는 것을 발견했다. 또한 술에 문제가 있는 사람들을 도움으로써, 술을 끊고 정상적인 생활을 할 수 있다는 것도 알았다. 단주생활을 지킨 첫 100여 명의 멤버들이 자기들의 경험을 모아서 많은 알코올 환자들을 돕기 위해 이 책을 1939년에 미국에서 발행했다. 이 책이 제안하는 방법에 따라 120여 개국에서 약 150만 명의 알코올 환자가 회복되고 있다. 첫 발행 이후 지금까지 3판에 걸쳐 영문판이 250만 부 이상 발행되었으며 그밖에 스페인어, 프랑스어, 독일어, 일본어 등으로 발행되어 전세계에서 알코올 중독자의 회복을 도와주고 있다. 제1부는 회복의 프로그램이며, 제2부는 프로그램을 통해 회복된 개인의 경험담이 실려 있다. 음주의 폐해와 이와 관련된 알코올 중독자들의 경험을 통해 금주의 필요성과 AA를 통한 금주방법을 제시해주고 있다.

C. L. 휘트필드. 1997, 『잃어버린 자아의 발견과 치유』(김응교·이인출 옮김), 글샘.

역기능가정의 성인아이 개념을 소개하는 안내서로서,

이 분야에서는 고전으로 읽히는 책이다. 역기능가정이란 어떤 가정인가, 그리고 성인아이는 어떤 과정을 거쳐 치유 받을 수 있는가를 안내하고 있다.

박성근. 2002, 『임상실제에서의 정신과적 면담』, 하나의학사.

임상에서 실제로 대면하게 되는 다양한 신경증 및 정신병적 증후군에 대해 면담할 때의 기술법, 상황 등을 설명한 책이다. 구체적으로 '행동'이라는 측면의 정신과적 면담기술, 면담 중 환자의 말과 행동에 대한 기술, 정신역동적 이해를 통한 '그들의 행동'에 대한 기록, 경험이 많은 면담자들이 사용하는 좀더 효과적인 지지적인 반응에 대해 설명, 특수한 상황이나 의사 소통 수단, 전화를 통한 면담을 수행할 때 발생되는 부산물 등에 대해 언급하고 있다.

그랜트 마틴. 1999, 『좋은 것도 중독이 될 수 있다』(임금선 옮김), 생명의 말씀사.

우리에게 좋은 것이라고 알려진 것들이 마약이나 알코올 중독과 같은 해악을 끼칠 수 있다. 사랑, 친구, 성, 음식, 권력, 종교 중독 등이 바로 그것이다. 이 책의 각 장에서 이러한 중독에 대하여 구체적으로 다루고 있어 우리의 생활을 돌아볼 수 있게 하여주고, 중독에서 회복될 수 있는 방법을 함께 제시한다.

제럴드 G. 잼폴스키 외. 2000, 『죄책이여 안녕』(최승자·김예숙 옮김), 춘해대학 출판부.

관계들이 어떻게 치유될 수 있는가를 보여주는 책으로 저자는 불치병을 가진 어린이들을 위한 태도치유센터를 운영하고 있는 정신과 의사이다. 우리를 서로로부터 계속 분리시키는 두려움과 비난을 놓아버림으로써 용서를 통해 어떻게 관계들이 치유될 수 있는가를 보여주고 있다.

로너 크로지어 외. 2002, 『중독(Addicted)』(이은선 옮김), 홍익출판사.

이 책에 등장하는 10명의 작가는 모두 캐나다에서 유명한 시인, 소설가, 극작가로 활동 중인 문인들이다. 이 책은 이들이 알코올과 마약, 담배 등에 찌들어 살면서 중독증이라는, 짐승의 뱃속과도 같은 극한의 비극을 경험했던 과거를 돌아보며 쓴 참회의 자기 고백서이다. 마약이나 알코올

음주 문제 관련 독서목록

과의 만남이 비교적 자유로운 캐나다 같은 서구사회에서 이들이 각종 중독증의 적나라한 실상을 자신의 경험담을 통해서 만천하에 고발하는 책을 공동 집필한 이유는, 젊은 이들을 무분별한 마약과 알코올의 남용으로부터 구원하고자 하는 간절함의 결과이다. 젊은 시절 한때 문학이라는 필생의 과제와 만나기 위해 거의 필연적인 과정이라도 되는 듯이 술과 마약에 중독되어 살았던 경험을, 캐나다 사회에 영향력 있는 문인으로서 자신의 명예에 흠이 가는 것을 알면서도 기꺼이 집필한 이들의 용기는 캐나다 언론으로부터 많은 찬사를 받은 바 있다. 이 책에 참여한 문인들은 한 사람의 약물중독자로서 동정을 구하거나 얼토당토않은 핑계를 대지 않고 중독이 가져온 고립감과 박탈감을 용기 있게 고백하고 있는데, 이들의 글에서 우리 사회의 해악으로 만연하고 있는 마약이나 알코올의 중독 현상에 일대 경종을 울릴 수 있을 것이다. 따라서 이 책은 마약과 알코올 중독이 왜 무서운지를 설명하는 어떤 책보다 더 절실하게 가슴에 와닿는 충격적인 독서 체험의 기회를 준다. '중독'은 원래 습관이나 기분전환거리에 심취한 것을 뜻하는 단어였다. 그러다 위험한 물질을 강박적으로 남용하는 것을 뜻하게 되었다. 중독은 인생을 산산조각 낼 수도 있고, 가족을 뿔

뿌리 흩어지게 만들 수도 있으며, 인간을 자살이나 파산으로 이끌 수도 있다. 반대로 이를 영감의 원천으로 여기는 사람들도 있다. 다른 것은 아무것도 생각 못하게 하는, 이 무시무시한 충동은 무엇일까? 중독의 기분은 어떤 것이며, 중독의 사슬을 끊으려면 어떤 대가가 필요할까? 캐나다를 이끄는 열 명의 작가가 그들의 인생 경험을 토대로 이 질문의 답을 제시하고, 중독의 실상을 낱낱이 파헤친다.

김상대 외. 1997, 『직장인의 음주실태와 산업재해 유발』, 경남출판기획.

한국, 미국, 독일을 예로 들어 직장인의 음주실태와 산업재해 유발사례를 연구한 보고서이다. 연구목적과 연구방법을 시작으로 알코올 관련 국내외 연구동향과 음주량, 직장인 알코올 의존의 원인 고찰, 알코올 남용의 사회·경제적 의미와 비용 추정 등으로 엮었다.

최기남 외. 1998, 『직장인의 음주 행태와 삶의 질』, 집문당.

마치 직장생활의 일부처럼 여겨지는 직장인의 음주행태와 음주의 부정적 측면, 우리 삶에서 갖는 의미를 구체적으로 고찰한 연구서이다. 가무와 음주에 대한 문헌 연구 외에 삶의 질, 음주 문제 대처 프로그램, 설문을 통한 조사 방법과 분석, 결론으로 엮은 논저이다.

부르스 리치필드. 2000, 『하나님께 바로서기』(정성준 옮김), 예수전도단.

성인아이에게 나타나는 대인의존성으로부터 회복되는 길을 다룬 책이다. 성경과 심리학이 통합된 관점에서 거짓된 죄책감, 분노와 낮은 자존감 등 성인아이가 안고 있는 정서적 문제의 치유라는 주제를 단계적으로 알기 쉽게 다루고 있다.

천주의 성요한 알코올 상담센타 편. 1993, 『회복에 이르는 길: 알코올 문제로 고통받는 이들과 그 가족을 위하여』, 하나의학사.

지나친 음주나 알코올 중독의 문제는 현대인들이 살아가면서 직면하는 다른 여러 가지 문제들과 마찬가지로 이를 극복하기 위해 성실하고 정직한 태도를 필요로 한다. 이 책은 자신의 건강과 가정, 나아가 이 사회를 위해서 알코올 중독이라는 병을 치료하고자 노력하고 있는 사람들을 위한 것이다. 사실 알코올 중독이란 당사자 자신의 건강은 물론 가정을 파괴하며, 사회적 문제를 야기시키는 무서운 병이라 할 수 있다. 이 병에 대해서 현재 많은 연구와 함께 다양한 치료 방법이 개발되고 있다. 그러나 그 원인들이 여러 가지 복합적으로 작용하고 있어 그 치료 또한 단순하지가 않다. 알코올 중독은 하나의 병으로 볼 수 있지만 사회현상으로 파악될 수도 있다. 알코올 중독이 요즘처럼 심각하게 사회 문제화되어 가는 때는 없었을 것이다. 그러나 음주에 대한 우리의 반응은 술 잘 마시는 것을 큰 사회적 능력처럼 여기면서도, 알코올 중독에 시달리는 사람에게 차가운 편견을 보이는 이율배반적 현상이 전반적인 사회의 흐름이다. 이 책은 알코올 중독이라는 문제에 과감히 도전해서 이를 극복하고 싶은 사람들에게 도움이 될 것이다.

　　Dunklin Memorian CAMP. 1997, 『중독자회복프로그램시리즈 1: 회복의 여정』(안덕자 옮김), 하나의학사.

　알코올, 약물에 중독되어 있는 사람들을 위한 회복 프로그램 해설서이다. 약물과 알코올 의존성, 12단계, 버드(B.U.D.)신드롬, 하나님의 재생과정, 재생의 계약, 그리스도

음주 문제 관련 독서목록

인의 생활 등 7개 장으로 나눠 기독교적 관점에서 회복의 방법을 설명하고 있는 책이다.

■ 참고문헌

[단행본]
고려대학교 학생생활연구소(학생상담센터). 2002, 『2002학년도 신입생 실태조사』, 고려대학교 학생생활연구소.
이상익 외. 2001, 『대학신입생의 음주행태의 변화에 미치는 유전적·심리사회적 요인의 영향에 대한 전향적 연구』, 충북대학교.
이영애. 2001, 『책읽기를 통한 치유』, 홍성사.
조성기 외. 2001, 『대학생의 음주실태』, 한국음주문화연구센터.
_____. 2001, 『부산대학교 학생의 음주실태』, 한국음주문화연구센터·한국대학생알코올문제예방협회.
책읽기를 통한 정신치료 연구실. 2003, 『마음 아픈 이들을 위한 자가치유서 안내』, 부산대학교 문헌정보학과.
_____. 2002, 『책은 치유하는 힘이 있는가』, 부산대학교 문헌정보학과.
천성수 외. 2001, 『대학생 문제음주예방을 위한 홍보·교육프로그램의 운용과 평가』, 삼육대학교·보건복지부.
_____. 2000, 『대학사회의 문제음주예방을 위한 홍보 및 보건교육 프로그램 개발』, 삼육대학교·보건복지부.
한국도서관협회. 1999, 「국민독서문화 진흥을 위한 독서지 정보시스템 개발」 최종보고서, 한국도서관협회·한국문화예술진흥원.
한국어린이 문학교육학회 독서치료연구회 편. 2001, 『독서치료』, 학지사.
한국음주문화연구센터. 2002, 『알코올백과』, 한국음주문화연구센터.

참고문헌

황의백 편. 1996, 『독서요법』, 범우사.
Beth Doll & Carol Doll. 1997, *Bibliotherapy with Young People*. Englewood, Colorado: Libraries Unlimited.
John T. Pardeck & Jean A. Pardeck. 1993, *Bibliotherapy - A Clinical Approach for Helping Children*. New York: Gordon & Breach Science.
Rhea J. Rubin. 1978, *Using Bibliotherapy: A Guide to Theory and Practice*. AZ: Oryx Press.

[학위논문]
송영임. 2003, 「정신보건을 위한 공공도서관 역할 연구」, 석사학위논문, 부산대학교 대학원.
유혜숙. 1997, 「노인의 우울증 해소를 위한 독서요법 연구」, 박사학위논문, 중앙대학교 대학원.
이희정. 2001, 「독서요법이 대학생의 자아정체감 정립에 미치는 효과 연구」, 석사학위논문, 충남대학교 대학원.
장귀녀. 1985, 「도서관 봉사로서의 독서요법 적용가능성에 관한 연구」, 석사학위논문, 이화여자대학교 대학원.
조석주. 2001, 「일상을 통해본 대학생의 정보요구」, 석사학위논문, 부산대학교 대학원.
최선희. 1997, 「아동의 사회적 자아개념과 인간관계 증진을 위한 독서요법의 효과」, 석사학위논문, 경북대학교 교육대학원.
최정미. 2002, 「독서요법을 통한 시설아동의 심리와 행동의 변화에 관한 연구」, 석사학위논문, 부산대학교 대학원.

[일반논문]
김기태. 1983, 「대학교육과 도서관의 역할」, ≪국회도서관보≫ 제163호, 15-23쪽

민영숙. 1999, 「청소년의 비행과 독서요법의 적용에 관한 연구」, ≪출판문화연구소논문집≫ 제1집, 117-136쪽.
변우열. 1997, 「비행청소년 인성치료를 위한 독서요법」, ≪도서관학논집≫ 제26호(여름호), 131-168쪽.
유일준. 2001, 「대학생의 음주 문화 및 음주 양태에 대한 고찰」, ≪혜천대학 논문집≫ 제27집, 329-343쪽.
천성수. 2002, 「대학생폭음의 원인과 음주 관련 문제 분석」, ≪한국알코올과학회지≫ 제3권 제2호, 221-233쪽.
한윤옥. 2003, 「독서치료를 위한 상황별 독서목록의 기초적 요건에 관한 연구」, ≪한국문헌정보학회지≫ 제37권 1호, 5-25쪽.

[구증자료]
경남 창녕도서관 조명숙 관장과의 전화 인터뷰. 2003년 5월 2일 12:10-12:25.
울산 남부도서관 김미숙 사서와의 전화 인터뷰. 2003년 5월 10일 13:30-13:40.
울산 남부도서관 김순화 열람팀장과의 전화 인터뷰. 2003년 5월 10일 13:05-13:30.
P의료원 신경정신과 전문의 Y박사와 이메일 인터뷰. 2003년 5월 7일.
P대학교 사서 A와의 이메일 인터뷰. 2003년 5월 9일.
P대학교 사서 B와의 이메일 인터뷰. 2003년 5월 9일.
P대학교 사서 C와의 이메일 인터뷰. 2003년 5월 9일.
P대학교 사서 D와의 이메일 인터뷰. 2003년 5월 30일.
P대학교 사서 E와의 이메일 인터뷰. 2003년 5월 30일.
P대학교 대학문화원 상담원 A와의 전화 인터뷰. 2003년 5월 1일 16:20-16:35.

참고문헌

[신문자료]
"꼭지 돈 캠퍼스…… 한국 대학은 '만취'," ≪주간조선≫, 1999년 5월 28일.
"성인 31%, 정신질환 경험," ≪조선일보≫, 2002년 2월 1일.
"세계 책의 날(4. 23) 특별기고 - 제3의 독서영역," ≪교수신문≫, 2002년 4월 23일.
"알코올 중독 대학," ≪세계일보≫, 2001년 5월 31일.
"酒道 대학서 가르친다," ≪문화일보≫, 2003년 3월 12일.
"책읽기과 정신치료," ≪교수신문≫, 2001년 10월 15일.
"폭음강요 비뚤어진 대학가 음주문화 언제까지……," ≪경향신문≫, 2000년 3월 20일.
"학기초 대학가 술로 '휘청'," ≪문화일보≫, 2002년 3월 20일.
"10대들 '생일빵'파티 6명이 집단 구타," ≪조선일보≫, 2000년 2월 10일.
"20대 폭음이 알코올 중독 부른다," ≪문화일보≫, 2002년 9월 30일.

[인터넷 자료]
건강길라잡이(healthguide.kihasa.re.kr).
독서치료 홈페이지(www.bibliotherapy.pe.kr).
보건복지부(www.mohw.go.kr).
알코올중독정보센터(KISA:www.neuropsychiatry.co.kr).
인제대학교 음주연구소(iucas.com).
한국대학생알코올문제예방협회(한국바커스: www.bacchus.or.kr).
한국음주문화연구센터(www.kodcar.or.kr).
AA한국연합단체(www.aakorea.co.kr).

■ 지은이 소개

지은이 김수진(chonitasj@hanmail.net)
신라대학교 문헌정보학과 졸업(정사서)
부산대학교 교육대학원(사서교육전공) 졸업(석사)
부산대학교 도서관 사서
'책읽기를 통한 정신치료 연구실' 회원

■ 기획·감수자 소개

김정근(jgunkim@yahoo.co.kr)
부산대학교 문헌정보학과 교수
'책읽기를 통한 정신치료 연구실' 지도교수
주요 논문
　「지역사회 정신보건 문제와 독서치료」,
　「공공도서관은 독서치료의 장이 될 수 있는가」,
　「공공도서관의 독서치료프로그램, 어떻게 운영할 것인가」

한울 아카데미 633
독서치료연구시리즈 5
대학생의 '문제음주'와 독서치료

ⓒ 김정근 외, 2004

지은이 | 김수진
기획·감수 | 김정근
펴낸이 | 김종수
펴낸곳 | 도서출판 한울

초판 1쇄 인쇄 | 2004년 3월 3일
초판 2쇄 발행 | 2009년 8월 30일

주소 | 413-832 파주시 교하읍 문발리 507-2(본사)
121-801 서울시 마포구 공덕동 105-90
서울빌딩 3층(서울 사무소)
전화 | 영업 02-326-0095, 편집 02-336-6183
팩스 | 02-333-7543
홈페이지 | www.hanulbooks.co.kr
등록 | 1980년 3월 13일, 제406-2003-051호

Printed in Korea.
ISBN 978-89-460-4108-0 93020
ISBN 978-89-460-4103-5 (세트)

* 가격은 겉표지에 표시되어 있습니다.